혼자 살기 열두 달

일러두기

이 책의 각 월별 저자는 다음과 같다.

- 빈보경: 1월, 7월, 8월, 9월
- 최여진: 2월, 4월, 5월, 6월
- 전보영: 3월, 10월, 11월, 12월

한 그루의 나무가 모여 푸른 숲을 이루듯이
청림의 책들은 삶을 풍요롭게 합니다.

혼자 살기 열두 달

지금부터 준비하는, 현실적인 1인 가구 생활 안내서

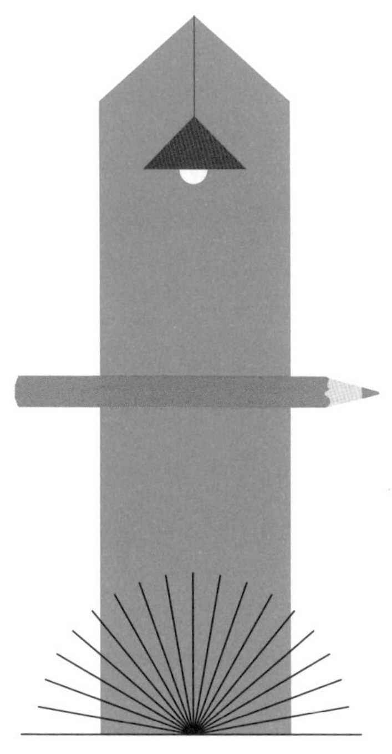

빈보경, 최여진, 전보영 지음

청림출판

세상의 모든 1인 가구에게 보내는 위로와 용기

몇 년 전, 우리는 1인 가구를 위한 프로그램인 '슬기로운 1인 생활' 개발 프로젝트에 참여했다. 당시 셋이서 그 프로젝트를 진행하면서 1인 가구의 삶에 지침이 될 만한 무언가가 필요하다고 생각했고, 이후에도 1인 가구를 위한 프로그램을 개발하고, 1인 가구를 위한 강의를 하면서 더욱 그 필요성을 체감할 수 있었다. 처음에는 '1인 가구를 위한 책이 있으면 좋겠다' 정도의 생각이었지만, 삶의 가치관을 존중받지 못하는 1인 가구를 자주 만나면서 점차 '1인 가구를 위한 책은 반드시 필요하다'로 생각이 변했다.

누구나 생애 한 번은 1인 가구가 된다. 그럼에도 아직 1인 가구에 대한 사회적 이해는 턱없이 부족한 것도 사실이다. 안타깝게도 1인 가구의 삶에 대해서는 제대로 보고 배울 기회가 거의 없다. 아직까지 우리 사회는 인생 중 일부의 시간은 1인 가구로 보낼 수 있지만, 결국 결혼을 하고 가족을 이루며 살아가야 한다고 전제하는 경향이 지배적이다. 이런 가치관이 지배하는 세상에서 지금의 1인 가구는 기존의 인류에게는 낯선 존재, 즉, 신인류다. 여전히 많은 사람이 세상이 만들어낸 기준에 1인 가구를 끼워 넣으려 노력하는 이유도, 그들의 입장에서 보면 1인 가구는 보편적인 삶의 기준에서 한참 벗어난 것처럼 보이기 때문이다.

우리는 누구나 자신의 기준에 따라 삶을 살아간다. 혼자의 삶을 선택하든, 다른 사람과 함께하는 삶을 선택하든 그 선택은 모두 존중받아야 마땅하다. 그러나 현실 속 1인 가구는 스스로 넘어야 할 세상의 기준이나 시련이 생각보다 많다. 어떠한 이유로 1인 가구를 선택했는지 설명해야 하고, 1인 가구로서 앞으로 어떻게 살아갈 것인지 증명해야 한다. 참 불편한 참견이 아닐 수 없다. 이럴 때 당당하게 대응할 수 있는 방패가 있다면 얼마나 좋을까?

자신은 분명 멋있고 근사하게 홀로 잘 살고 있으면서도, 다른 한편으로는 '부족함', '결핍'이 있는 삶을 살고 있다고 의심하는 1인 가구에게 "당신은 잘하고 있다. 괜찮다"고 이야기하고 싶었다. 또한 1인 가구와 자주 소통하면서 그들에게 배웠던 삶의 노하우를 다른 1인 가구에게도 알리고 싶었다.

이 책은 1인 가구에 대한 깊이 있는 공감과 위로, 격려를 담으면서도 실제 생활에 도움이 되는 정보와 실천 방안을 담으려 애썼다. 우리는 '어떻게 하면 1인 가구가 혼자서도 충분히 행복하게 살 수 있을까'라는 질문을 끊임없이 던지며 글을 썼다.

이 과정에서 수없이 질문했던 '혼자, 충분, 행복'이라는 키워드는 결국 한 사람의 인간으로서 잘 살아낼 수 있도록 스스로가 자신의 인생에 주도권을 가져야 한다는 결론에 도달했다. 사람은 누구나 과거-현재-미래 등 시간의 연속선상에서 살아간다. 따라서 이 책 역시 1인 가구가 1월부터 12월까지 한 해를 알차게 보낼 수 있도록 구성했다.

먼저 계획적인 삶을 위한 인생 설계부터, 세상의 시선과 기준에 맞서야 하는 결혼, 독립과 부양, 사랑, 비혼식과 장례식 등을 생각해본다. 1인 가구로 살면서 가장 중요한 문제인 돈, 건강, 여가와 안전, 음식 등에 대한 정보는 물론 감정 조절, 자아존중감 등 자신을 돌보는 방법도 담았다. 끝으로 인생의 마지막을 준비하는 시간을 가질 수 있도록 죽음에 대한 내용으로 마무리했다.

또한 1인 가구가 실제로 자신의 상황이나 감정을 바로 작성해볼 수 있는 워크북 형식으로 구성했다. 글을 읽으면서 1인 가구로서 경험할 수 있는 여러 질문에 답을 할 수 있는 메모칸, 스스로 상황을 진단해볼 수 있는 체크리스트, 배우고 익힌 것을 실제로 실행해볼 수 있는 실천 방안 등 실생활에서도 바로 사용할 수 있는 노하우를 최대한 많이 전달하고자 했다.

앞서 이야기한 것처럼 이 책은 1인 가구에게 위로와 공감이 되고, 주체적인 삶을 살아가는 데 도움이 되는 지침서다. 글을 쓰면서 때로는 스스로에게 던지는 질문처럼, 때로는 친구, 연인, 가족으로서 1인 가구를 지지하고 염려하는 마음을 담기 위해 노력했다. 이 책과 함께 열두 달이라는 긴 여정을 마치고 나면, 자신이 어떤 사람인지, 현재 자신이 어떤 삶을 살고 있는지, 어떤 삶을 추구하는지를 깨닫게 될 것이고, '나'와 '나의 삶'에 좀 더 밀접하게 접근할 수 있을 것이다.

사회적으로 1인 가구의 수는 증가했음에도, 현실적으로 1인 가구에 대한 이해는 여전히 부족하다. 아직도 우리 사회는 1인 가구를 삶의 전환기에 일시적으로 머무르는 '미완성의 삶'으로 받아들이고 있으며, 이러한 시선은 1인 가구의 삶을 더욱 힘들게 한다. 이 책을 통해 1인 가구로 살면서 겪는 여러 힘듦을 조금이나마 함께 나눌 수 있기를, 그리고 따스한 위로가 될 수 있기를 바란다. 혼자 산다는 이유만으로 세상으로부터 상처받는 1인 가구에게 더는 혼자가 아님을, 자신을 걱정하고 아끼는 이들이 함께하고 있음을 알아주길 바란다.

마지막으로 이 책이 세상에 나올 수 있게 함께해준 청림출판 편집부에 감사의 마음을 전한다. 현재의 1인 가구와 미래의 1인 가구에게 이 책이 닿기를 바라며, 집필을 시작할 수 있도록 영감을 준 모든 1인 가구에게도 감사의 마음을 전한다.

2024년 9월

빈보경, 최여진, 전보영

차례

4월 서로 다른 꽃처럼 다양한 사랑의 형태 사랑

5월 커플만큼 축복받고 싶은 혼자의 삶 비혼식과 장례식

6월 혼자 살수록 더욱 철저하게 관리하기 돈

7월 아프지 않고 튼튼하게 지내는 법 건강

8월 혼자서도 시간을 잘 보내는 방법 여가와 안전

9월 혼자서도 잘 먹고 잘사는 노하우 음식

1월

계획적인 삶을 위한 첫 단계

인생 설계

나 홀로 떠나는 인생의 긴 여정을 위하여

매년 1월이 되면 사람들은 모두 약속이라도 한 듯 새로운 다이어리를 구입하고 운동 센터에 등록한다. 새해맞이 특별 할인 영어 강의, 홈트(홈트레이닝) 프로그램 할인 행사 등의 유혹도 쉽게 지나치지 못한다. 새해 카운트다운을 보면서 "올해부터는 아침형 인간으로 살아볼 거야" 하고 다짐하지만, 늦게 잠든 탓에 첫날부터 그 결심은 무참히 무너지기도 한다. 지난해보다 더 나은 삶을 살겠다는 다짐은 매년 반복되고 있지만, 올해만큼은 다르게 살 것이란 희망을 포기할 수 없기에 자신을 위해서 더 아낌없이 투자한다. 그러나 얼마 지나지 않아 새로 구입했던 다이어리는 연습장이 되고, 운동센터 이용권은 중고 마켓에서 판매하게 된다.

많은 사람이 계획의 중요성을 이야기한다. 짧게는 당장 다가올 연휴 계획부터 내 집 장만 계획, 멀게는 은퇴 계획까지 세운다. 그러나 아이러니하게도 상당수의 사람은 자신이 어떤 인생을 살 것인지 구체적으로 계획하지 않는다. 마치 직업이 꿈이 되어버린 현실과 비슷하다. 인생은 마음먹은 대로, 계획한 대로 되지 않는다는 것을 이미 알아서일까? 설사 그렇다 해도 매년 돌아오는 휴가 계획은 세우면서 단 한 번 허락된 인생을 계획하지 않는다는 것은 앞뒤가 맞지 않는 무책임한 행동은 아닐까?

인생을 계획하는 것은 자신의 삶의 경로를 그려보는 것이다. '자신이 꿈꾸는 미래는 어떤 것인가'라는 질문에서 시작해 현재의 모습을 객관적으로 보고, 바라는 모습을 얻기 위해 지켜나가야 할 것들을 자신과 약속하는 과정이다. 인생 계획서 한 장으로 앞으로 닥쳐올 삶의 고난과 역경을 대비하고 막을 수는 없겠지만, 예상치 못한 일에 부딪혔을 때 인생 계획을 세우고 준비한 경험은 당신에게 분명 힘이 되어줄 것이다. 작성했던 인생 계획을 수정해나가면서 조금은 유연하게 대비책을 마련할 수 있으니 말이다.

'혼자 살아가는' 삶 역시 다를 것이 없다. 혼자이기에 인생 계획을 더 잘 세워야 하는 것도, '함께 살아가는' 삶과는 완전히 다른 아주 특별한 계획이 필요한 것도 아니다. 혼자든 둘이든 누구에게나 인생 계획은 필요하다. 단지 1인 가구는 살아가다 마주치는 혼란과 갈등의 순간에 "너는 잘 살고 있어. 지금의 선택은 틀리지 않아"라고 말해줄 누군가와 함께 살지 않기에, 그 순간 인생 계획표가 조금은 더 위안과 도움이 되지 않을까?

누군가는 결혼을 하고 부모가 된다. 내 집 마련을 위해 허리띠를 졸라매면서 돈을 벌고, 아이들을 교육하고 독립시키는 '함께 살아가는' 이들의 삶의 여정은 친숙하다. 반면 '혼자 살아가는' 삶의 여정은 여전히 낯설다. 혼자서 타인의 도움 없이 모든 것을 처리해야 한다는 무거운 책임감을 견뎌야 하는 삶일 수도 있다. 하지만 사람은 혼자일 때 성장한다고 하지 않는가? 이른바 '인생의 갈림길'이라 말하는 중요한 순간일수록 혼자만의 시간이 절실히 필요할지도 모른다.

인간은 혼자만의 시간 속에서 자신의 진정한 목소리에 집중할 수 있다. 누구도 자신을 대신할 수 없다는 것을 기억하자. 당신의 삶을 책임질 수 있는 사람은 오직 당신뿐이고, 당신 삶을 행복하거나 불행하게 만들 열쇠도 당신 손에 쥐어져 있다.

인생의 최종 목표부터 설정하기

인간의 삶은 더욱 성숙해지기 위해 한 걸음씩 나아가는 과정인 것 같다. 배우자와 함께 살면서 성숙해지는 삶이 있고, 혼자 살면서 성숙해지는 삶도 있을 것이다. 지금 당신이 혼자 살아가고 있다면 단지 혼자 산다는 이유로 미성숙한 존재로 여기는 타인의 시선에 상처받지 않고 자신만의 삶을 찾아나가면 된다.

올해만큼은 매년 실패를 반복했던 뻔한 계획이 아닌, 조금 다른 계획을 세워보는 건 어떨까? 사람들은 해마다 다이어트, 영어 공부, 재테크, 운동과 같은 많은 것을 계획한다. 이 계획들이 잘못되었다는 것이 아니다. 다만, 이런 계획을 세우기 전에 앞서 자신의 마음속에 깊이 숨어 있는, 가장 중요한 소망을 먼저 들여다봐야 하지 않을까? 자신이 왜 다이어트를 하고 싶은지, 어째서 영어 공부를 하려고 하는지, 재테크를 하려고 하는 이유가 무엇인지를 말이다.

만약 멋진 외모를 갖기 위해 다이어트를 하고 싶은 사람이라면 그 이유를 자신에게 질문해보자. "남들 앞에서 당당하고 싶어서"라고 답했다면 자존감을 높이기 위한 한 방법으로 다이어트 계획을 세운 것일 수 있다. 다시 말해 당신의 목표는 '다이어트'가 아닌 '자존감을 높이는 것'부터 시작되어야 한다. 당신은 자존감을 지키며 살아가는 자신만만한 삶을 소망하고 있는지 모른다. 자신이 어떤 삶을 꿈꾸는지, 어떤 목표를 가지고 살아가는지, 거기서부터 시작해보자.

인생의 목표를 설정하는 것은 쉽지 않은 일이다. 어려운 일이지만 목표 설정을 위해서는 자신이 가야 할 최종 목표지점이 무엇이며 어디인지를 떠올려야 한다. 많은 사람은 "인생의 목표가 뭐야?"라는 질문에 "목표? 뭐 특별한 거 있나? 그냥 결혼하고 내 집을 갖는 거 아니겠어?", "나도 빌딩 주인이나 한번 되어보려고", "승진이지 뭐. 적어도 이사 자리까지는 올라가봐야 하지 않겠어?"라고 말한다. 하지만 이 목표들이 진정 인생의 최종 목표가 맞을까? 엄밀히 말하면 이는 인생의 마지막 목표지점을 향해 나아가는 긴 인생 항로에서 단계적으로 달성해야 할 하위 목표들이다.

이제 인생의 최종 목표지점을 찾아야 할 시간이다. 눈을 감고 자신의 마지막 순간을 떠올려보자. 인생의 최종 목표지점을 찾기 위한 좋은 방법은 삶을 거꾸로 되짚어보는 것이다.

■ **삶이 끝날 때, 당신은 어떤 사람으로 기억되길 원하나요?**
당신의 묘비명에 어떤 글귀가 적히길 바라나요?

-
-
-
-
-

나에게 중요한 삶의 가치는 무엇인가

자신이 어떻게 기억되고 싶은지를 알았다면 이제는 자신에게 중요한 것이 무엇인지를 찾아보자. 눈을 감고 마음속에 여섯 개의 병이 빛나고 있다고 상상해보자. 그 병의 이름은 무엇인가? 직업, 사랑, 건강, 명예, 돈, 나눔……. 그 어떤 것이라도 좋다. 아마도 그것들은 자신이 중요시하는 삶의 가치일 것이다.

지금의 나 (이름:)

여섯 개의 병에 이름을 모두 적었다면 현재 그 병들이 얼마만큼 채워져 있는지 들여다보자. 가득 채워진 병이 있을 수도 있고 거의 바닥을 보이는 병이 있을 수도 있다. 당신이 그 가치에 투자한 시간과 노력만큼 그 병은 채워져 있을 테니 자신이 지금까지 그 가치를 얼마나 이루었는지 스스로 솔직하게 평가하면 된다.

그렇다면 앞으로 계속 채워나가고 싶은 병은 어떤 것인가? 자신이 가진 여섯 개의 병을 계속 가지고 살아가고 싶은가? 아니면 버리고 싶은 병이 있는가? 지금까지와는 다른 병을 가지고 싶다면 버리고 싶은 병의 이름을 지우고 갖고 싶은 이름으로 바꿔 적어보자.

미래의 나 (이름:　　　　　)

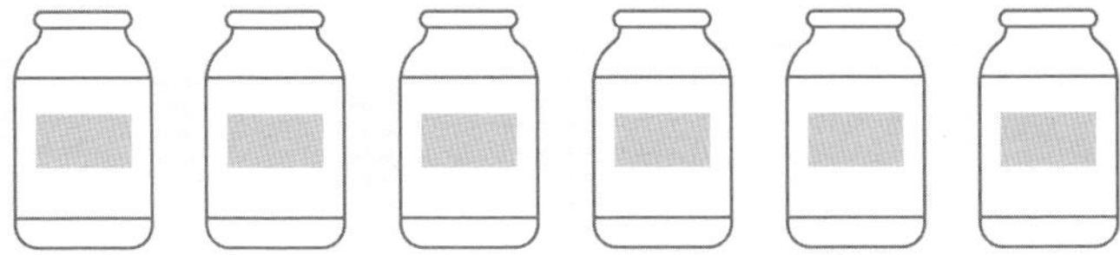

이제 좀 더 나아가 여섯 개의 병 중 가장 중요한 세 개를 선택해보자. 그리고 마지막으로 선택된 세 병의 이름들을 가슴속에 간직하자. 이 세 가지가 바로 당신이 자신의 삶에서 가장 가치 있게 생각하는 것들이다. 이에 기반을 둔 자신만의 삶의 목표 세 가지를 만들어보자. 그 목표들은 자신의 삶에 영향을 준 사람이나 사건 혹은 감명 깊게 읽은 한 줄의 글귀에서 시작된 것일지도 모른다. 언제부터 시작되었는지, 누구에 의해, 어떤 사건에 의해 삶의 목표가 되었는지를 곰곰이 생각하고 가능하면 구체적인 문장으로 적어보자.

나 (이름:　　　　　)

삶의 목표 1

→

삶의 목표 2

→

삶의 목표 3

→

시간의 힘은 강력해서 모든 것을 익숙하게 만드는 능력이 있다. 그럼에도 혼자 빈집에 들어오는 것만큼은 지독히도 익숙해지지 않는다. 혼자 사는 사람은 매일 반복되는 적막감과 맞서 싸워야 한다. 가끔은 그 전쟁에서 패배하고 외로움에 항복할지도 모른다. 그 순간 자신이 품고 사는 소중한 가치를 떠올려보면 어떨까? 그리고 그 가치를 키우기 위해 노력하는 자신을 격려하자.

하나를 얻으면 하나를 내어주는 것이 인생이라고 했던가? 다 좋을 수만은 없다면 내어준 것을 아쉬워하기보다는 얻은 것에 감사하며 살아가자. 새해에는 자신의 삶에 스며든 작은 행복을 찾으면서 혼자서도 잘 살 수 있는 한 해를 계획해나가자.

채우기 전에 비워야 할 것들

정리 정돈을 좋아하는 사람이라면 규칙적으로 옷 정리를 하겠지만, 그렇지 않은 사람이라도 새해가 되거나 계절이 바뀔 때 잊지 않고 옷장을 열어젖힌다. 새로운 출발에는 항상 정리하는 마음가짐이 동반되기 때문일 것이다. 공간이든 사람이든 비워야만 채울 수 있다. 새 옷도 옷장에 공간이 있어야만 제 위치를 잡을 수 있듯이, 새로운 결심과 새로운 사람과의 인연 역시 그렇다.

작년까지 꽉꽉 눌러 담으려 했던 자신의 욕심과 지키지 못했던 많은 결심을 들여다볼 시간이 왔다. 새로운 것을 결심하고 시작하려는 사람이라면 그 무엇보다 자신의 삶을 되돌아보는 것부터 시작해야 한다. 자신의 어제와 오늘을 한 발짝 뒤로 물러서서 객관적으로 봐야 한다. 자신이 원하고 꿈꾸고 그리는 것이 무엇인지를 정확히 알아야 그것을 얻기 위해 어떤 계획이 필요하고 어떤 습관을 만들어갈지 알 수 있다.

어제의 나를 되돌아보기

지난 다이어리를 펼쳐보자. '어제의 내'가 채우려고 했던 것은 무엇인가? 그 계획과 목표를 이루었는가? 그렇지 못했다면 그 이유가 무엇인지 생각해보고 솔직하게 적어보자.

■ **당신이 이 목표를 이루지 못한 이유는 무엇인가요?**

- 지난 목표 1: ....

  → 목표를 이루지 못한 이유 : ....

- 지난 목표 2: ....

  → 목표를 이루지 못한 이유 : ....

- 지난 목표 3: ....

  → 목표를 이루지 못한 이유 : ....

지금까지 지난 목표를 주저하고 미뤄온 이유는 게으름일 수도 있고 실패에 대한 두려움일 수도 있다. 사람마다 수많은 이유가 있을 수 있고, 어떤 이에게는 지난 목표가 더 이상 의미 없다고 생각될 수도 있다. 지난 목표가 더 이상 자신에게 필요하지 않다면 다행이지만 아직도 간절하다면 실패한 이유에 주목해야 한다. 걸림돌을 치워 낼 수 있는 방법을 고민하고 새로운 전략을 세워야 하기 때문이다. 그러기 위해 필요한 것은 무엇일까? 그렇다. 지금 당신에게 필요한 건 바로 자기 점검의 시간이다. 자신의 현실을 이성적·객관적인 눈으로 바라보는 시간 말이다. 지금부터 당신의 현재 모습을 하나씩 짚어나가자.

■ **10년 전 당신은 10년 후 당신이 어떤 모습이라고 생각하나요?**

10년 전, 내가 생각했던 나의 10년 후 모습은 ……………………

……………………

……………………

당신의 현재 모습은 10년 전 자신이 꿈꾸었던 모습과 얼마나 닮아 있는가? 10년 전 당신이 그렸던 모습에는 '혼자 사는 삶'이 있었을까? 지금까지 성공적으로 생애 설계를 잘 이루며 걸어왔음에도 '혼자 사는 삶'이라는 생각지 못한 변수가 지금 자신의 삶에 영향을 미치고 있는 건 아닐까?

지금의 삶을 긍정적으로 받아들이는 사람이 있는 반면, 어떤 이는 혼자의 삶이 '미완성의 어디 즈음'이라는 세상의 잘못된 잣대에 상처받고 있을 수도 있다. 1인 가구의 수는 늘어나고 있지만 혼자 사는 삶을 여전히 불편한 시선으로 바라보는 사람들이 있다. 그래서 혼자 살아가는 사람들에게 가장 필요한 것은 용기일지 모른다. 자신 그대로 꾸밈없이 인정하고 내보이는 용기. 아무리 열심히 살아도 결혼하지 않으면 부족하고 불완전한 존재로 치부해버리는 편견에 맞서고, 최선을 다해 살아온 지금의 모습이 부끄럽지 않다고 당당하게 말할 수 있는 용기. 바깥세상으로 향했던 시선을 자신에게 돌려보자. 자신의 삶에 필요한 모든 것들은 바깥세상에 있는 것이 아니라 자신 안에 존재한다. 세상의 기준에 흔들리지 않을 용기를 가진 당신이라면 당신만의 기준으로 삶을 계획하고 나아갈 수 있을 것이다.

나를 들여다보기

지금의 삶에서 지키고 싶은 것은 무엇이며, 미래의 삶에서 새롭게 바꾸고 싶은 것은 무엇인가? 작은 습관이나 취미부터 직업, 친구 등 그 어떤 것이어도 좋다. 없으면 없는 대로, 많으면 많은 대로 자유롭게 써보자. 지키고 싶은 것과 바꾸고 싶은 것을 완성했다면 이제는 자신을 좀 더 깊게 들여다보자. 당신은 자신의 어떤 모습을 좋아하며 어떤 모습을 싫어하는가? 다시 말해 자신의 장점과 단점을 객관적인 눈으로 바라보자. 남들이 말하는 장단점이 아닌 자신의 생각을 솔직히 적으면 된다.

마지막으로 자신이 '친구'라고 말하는 사람들의 이름을 적고 그 친구가 자신에게 소중한 이유를 적어보자. 평생을 함께하고 싶은 친구가 있는가 하면 매번 "정말 내 친구일까?"라는 고민에 빠뜨리는 친구도 있을 것이다. 누구나 용기를 주고 힘이 되어주는 존재는 반드시 필요하다. 혼자 살아가는 삶에서 불안을 함께 나눌 수 있는 친구들이야말로 중요한 존재다. 진정한 친구는 당신을 성장하도록 도와주며 그 어떤 어려움 속에서도 당신의 손을 놓지 않을 것이다.

'친구'라는 이름으로 머무는 그들은 당신에게 어떤 의미인가? 그들을 친구라고 말하는 이유를 솔직하게 적은 후 천천히 곱씹어 읽어보자. 아마도 진정한 친구로 남을 사람이 누군지, 전화기에 등록된 연락처 목록에서 지워도 될 사람이 누군지 알 수 있을 것이다. 항상 진심으로 당신의 행복을 바라고, 동정이 아닌 진정한 위로를 건네는 친구가 당신 곁에 머물도록 하라.

누구나 자신을 들여다보는 일은 어색하고 불편하다. 아마도 익

나를 들여다보기

■ 지키고 싶은 것들

•
•
•
•
•

■ 새롭게 바꾸고 싶은 것들

•
•
•
•
•

■ 내가 좋아하는 나의 모습

•
•
•
•
•

■ 내가 싫어하는 나의 모습

•
•
•
•
•

■ 나의 친구(이름)

•
•
•
•
•

■ 이 친구가 나에게 소중한 이유

▶
▶
▶
▶
▶

숙하지 않은 일일 것이다. 달리 말하면 자신의 목소리에 귀를 기울이고 자신을 자세히 들여다보는 시간이 그만큼 적다는 뜻이다. 자신이 어떤 사람인지 알아가는 일에 더 많은 시간을 들인다면, 우리는 더 행복한 인생을 이어갈 수 있을 것이다. 또한 자신이 무엇을 두려워하는지, 어떤 일을 힘들어하는지를 아는 것도 중요하다. 자신에 대해 잘 알수록 힘든 순간을 이겨낼 힘을 더 굳건히 키울 수 있다.

혼자 살기에 대해 어떤 사람은 소셜미디어에 자랑하기 위한 요리와 집 꾸미기 사진을 올리는, 행복하고 자유로운 인생쯤으로 생각할 수도 있고, 어떤 사람은 손가락으로 셀 수 없을 정도의 힘든 하루하루를 겪어내면서 나름대로 혼자 살아가는 자신만의 삶이라고 생각할 수도 있다. 누군가는 혼자 사는 당신의 삶을 동경할 수도 있지만, 다른 이는 애처롭게 바라볼지도 모른다. 이왕이면 동경의 대상으로 사는 게 좋지 않을까? 누구도 동정의 대상이 되고 싶지는 않을 것이다. 솔직히 말해서 "힘내요"라는 말보다는 "부러워요"라는 말이 더 듣기 좋지 않은가? 그만큼 자신의 삶을 가치 있게 만들어보자. 혼자의 시간을 외로움과 고독의 시간이 아닌, 자신을 사랑하고 아끼고 보살피는 시간으로 가득 채워나가자.

지금부터 시작하는 나와의 약속

많은 사람이 혼자 사는 것의 가장 큰 장점은 자유라고 말한다. 자고 싶을 때 자고, 먹고 싶을 때 먹고……. 그러나 그런 자유로운 행동을 후회하는 순간도 찾아오곤 한다. 아침 기상만큼 힘든 게 세상에 또 있을까? 자기 자신에게 가장 관대해지는 순간, 자신을 가장 이기지 못하는 바로 그 순간 말이다. 혹시 당신의 아침이 이런 모습은 아닐까?

> 알람 시계를 아무리 맞춰놓아도 아침에 늦게 일어나 매번 지각을 면하지 못한다. 매일 아침 무한 반복되는 "10분만 더……" 자는 것 때문에 아침 식사는 꿈도 꾸지 못한다. 허겁지겁 일어나서 집을 나설 때마다 "일어나"라며 등짝을 후려 갈겨주시던 엄마의 손맛이 그리울 뿐이다.

이처럼 혼자 살아가는 것은 자유롭다. 반대로 의지력이 없는 사람들에게는 무질서의 삶이 되기도 쉽다. 따라서 혼자 살아가는 삶에서는 스스로 자신의 삶을 꾸준히 진단하고 올바른 방향성을 갖도록 고민하는 것이 중요하다. 자신만의 삶의 목표가 세워졌다면 지금이 바로 행동할 순간이다. 다른 준비는 필요치 않다. 자신만이 스스로의 삶을 바꿀 수 있다는 믿음과 바꾸겠다는 의지만 있다면 그걸로 충분하다. 할 일을 미루면 미룰수록 실제로 그것을 하게 될 확률이 줄어든다고 한다. 오늘 당장 자신의 삶을 위한 계획서를 완성하고 자신과의 약속을 실행해보는 건 어떨까?

꿈꾸고, 목표를 정하고, 행동하기

앞서 만들어봤던 자신의 삶의 목표 세 가지를 떠올려보자. 지금부터 그 세 가지 목표를 이루기 위한 단기목표를 정해보자. 각각의 삶의 목표를 이루기 위해서 자신이 어떤 것들을 지켜내야 할지를 고민해보고 두 가지 정도의 단기목표로 구체화하면 된다. 그런 다음 각각의 단기목표를 달성하기 위한 구체적인 실천 계획을 세워보자.

구체적인 실천 계획은 말 그대로 단기목표를 달성하기 위해 실제로 해야 할 구체적인 행동이 무엇인지, 그 행동을 어디에서 어떻게 할 것인지, 그 행동에 얼마만큼의 시간을 투자할 것인지 등을 상세하게 계획하는 것이다. 또한 완성도 있는 실천 계획을 세우려면 진단과 보상까지 놓치지 않아야 한다. 즉 실천 계획이 효과적으로

삶의 목표: '80세까지 아프지 않고 건강하게 살기'

▼

- **< 단기목표 A >**
  성인병 예방을 위한 체중 감량
  - 구체적인 실천 계획 A: **등산**
  - 구체적인 실천 계획 B: **수영**
- **< 단기목표 B >**
  건강한 식습관 만들기
  - 구체적인 실천 계획 A: **배달 음식 줄이기**
  - 구체적인 실천 계획 B: **균형 잡힌 식사하기**

	배달 음식 줄이기	균형 잡힌 식사하기
구체적으로 무엇을 할 것인가요?	배달 음식을 먹는 횟수를 줄이기	현미밥, 단백질, 나물 반찬으로 구성된 식사하기
계획을 실천할 횟수를 정했나요?	일주일에 한 번으로 줄이기	하루에 한 끼는 반드시
계획을 언제까지 계속할 건가요?	1개월 동안	3개월 동안
계획을 실천할 장소가 어디인가요?	집에서 항상	회식이 있는 경우를 제외하고 항상
계획을 함께할 사람이 있나요?	혼자	혼자
어떻게 진행 상황을 체크하고 피드백하나요?	음식일기 쓰기 & 먹고 싶은 음식 금액만큼 저금하기	음식일기 쓰기

잘 진행되고 있는지를 어떤 방식으로 진단할지, 스스로 의욕을 북돋기 위해 어떤 피드백 방식을 선택할지까지 담는 것이다.

예를 들어 '건강'을 중요한 삶의 가치 세 가지 중 하나로 생각하는 사람이라면 이 가치에 기반을 둔 삶의 목표를 '80세까지 아프지 않고 건강하게 살기'로 정할 수 있다. 그리고 이 목표에 따른 단기목표를 첫째, '성인병 예방을 위한 체중 감량', 둘째, '건강한 식습관 만들기'로 정한 후, '성인병 예방을 위한 체중 감량'의 구체적인 실천 계획으로 '등산'과 '수영'을, '건강한 식습관 만들기'의 구체적인 실천 계획으로 '배달 음식 줄이기'와 '균형 잡힌 식사하기'로 세울 수 있다. 배달 음식을 먹는 횟수를 1개월 동안 일주일에 한 번으로 줄이고 음식일기 쓰기를 통해 스스로 체크함과 동시에 배달 음식의 유혹을 뿌리친 날에는 먹고 싶은 배달 음식 금액만큼 저축해서 스스로를 격려한다. 또한 빠질 수 없는 회식의 경우를 제외하고 3개월 동안 하루 한 끼는 반드시 현미밥, 단백질, 나물 반찬으로 구성된 식사를 하며 음식일기 쓰기를 통해 스스로 체크해나간다.

하나의 삶의 목표마다 정한 두 개의 단기목표를 모두 계획하고 지켜나가기 힘들다면 두 개 중 우선해야 할 일을 먼저 계획하고 실천하면 된다. 둘다 끝까지 지켜낼 수 없다면 욕심을 버리고 하나씩 해나가자. 과함과 조급함은 독이 된다.

사소한 결정 하나가 삶을 바꾼다

혹시 다른 누구보다 열심히 살고 있는데도 매일 해야 할 일이 산더미같이 쌓여 있지는 않는가? 그런 상황에 빠져 자신을 무능하다고 탓하고 있다면 잠시 뒤로 물러서서 자신에게 너무 과한 요구를 하는 것은 아닌지 생각해봐야 한다. 자신의 삶에 만족하며 즐겁게 삶을 이끌고 싶다면 우선순위를 명확히 정하는 것부터 시작하자. 자신이 나아갈 방향을 정확히 계획하고 할 일과 하고 싶은 일로 자신의 하루를 균형에 맞춰 채워나가면 된다. 무엇보다 욕심을 버리는 것이 가장 중요하다. 매일매일 조금씩 투자한 시간과 노력이 결국에는 큰 변화를 가져올 수 있음을 기억하자.

매일 일상에서 이루어지는 사소한 결정이 삶을 만들어간다. 자신을 바꿀 수 있는 것은 자신뿐이기에, 스스로를 믿고 책임감 있게 결정하면 된다. 또한 혼자 살아가는 삶에 허락된 자유를 즐기되 거기에 뒤따르는 책임도 있음을 잊지 않아야 한다. 스스로 자신의 삶을 진단하고 수정해나가면서 혼자 사는 멋진 삶을 만들어갈 수 있도록 하루하루 '나와의 약속'을 지켜나가자.

나(이름:)의 인생 계획

■ 삶의 목표

1.

2.

3.

■ 삶의 목표를 위한 단기목표

<삶의 목표 1>을 위한 단기목표

•

<삶의 목표 2>를 위한 단기목표

•

<삶의 목표 3>을 위한 단기목표

•

■ 단기목표를 위한 구체적인 실천 계획

<삶의 목표 1>을 위한 실천 계획

•

<삶의 목표 2>를 위한 실천 계획

•

<삶의 목표 3>을 위한 실천 계획

•

2월

세상의 시선에서 벗어나는 연습

결혼

결혼 스트레스를 대하는 우리의 자세

1월 1일에 포부 있게 시작한 1년의 계획은 2월을 기점으로 흐릿해지기 마련이다. 자연스럽게 형성되는 죄책감을 덜기 위해 사람들은 음력 1월 1일인 '설날'을 새로운 시작점으로 잡는다. 대부분 설날은 2월이기 때문에 2월을 새로운 출발의 달로 삼는 사람도 많다. 통상적으로 2월은 '13월의 월급'이라 부르는 연말정산 환급이 있고, 긴 설 연휴를 보낼 수 있어 마음의 여유가 차오르는 달이기도 하다. 그러나 반대로 설날을 앞두고 가족들을 만나는 것이 부담스럽고 마음의 불편함이 가중되기도 한다. 가족과 만나면 반드시 한 번쯤 '나의 결혼'이 대화의 주제로 떠오르기 때문이다.

올해는 결혼하겠다는 다짐이나 결혼하지 않겠다는 선언과 무관하게 가족들은 '나의 결혼'에 관심이 많다. 엄밀히 얘기하면 '나의 결혼'이 오랜만에 만나서 경직된 분위기를 풀어줄, 즉 별다른 관심은 없지만 스몰토크의 주제로 적당하기 때문일 것이다.

가족들이 꺼내는 결혼이라는 주제는 1인 가구라면 누구나 부담을 갖기 마련이다. 명절을 앞두고, 결혼은 안 하냐는 질문에 어떻게 하면 현명하게 답을 할지, 아니면 쿨하게 대답하지 않고 넘길지 상상해봐도 뾰족한 답은 떠오르지 않는다. 마음속으로 준비하는 수많은 대답은 사실 의미가 없다. 결혼하겠다고 하면 '결혼할 사람은 있는가?', '뭐 하는 사람인가?', '몇 살인가?' 등 따라오는 질문들에 피곤해지고, 결혼하지 않겠다고 말하면 '제 짝을 만나지 못해서', '아직 철이 없어서'라며 지금도 충분히 괜찮은 자신을 졸지에 철딱서니 없는 어린애로 취급한다.

명절을 앞둔 기혼자들은 명절 스트레스를 받는다. 사회적으로도 기혼자들의 명절 스트레스는 이해하는 분위기다. 그렇다면 1인 가구는 어떠한가? 1인 가구가 명절 스트레스를 받는다고 말하면 대부분의 사람은 의아하게 생각한다. 그러나 명절이 피곤한 건 1인 가구도 마찬가지다.

나는 결혼에 적합한 사람일까

명절을 앞두고 1인 가구가 가는 모든 곳은 작은 전쟁터가 된다. 회사에서는 명절에 당연히 가야 하는 곳(예를 들면 처가댁이나 시댁 등)이 없는, 심지어 챙겨야 하는 가족이 없다는 이유로 1인 가구가 명절에 당직 근무하는 것을 당연하게 여긴다.

그뿐인가. 명절을 앞두고 만난 친구들은 명절에 대한 나름의 스트레스를 여과 없이 쏟아낸다. 1인 가구인 친구들은 부모님의 용돈과 결혼 이야기로 스트레스를 받고, 기혼인 친구들은 교통체증에 대한 스트레스와 처가댁이나 시댁 등 결혼으로 얽힌 가족에 대한 스트레스로 피곤해 한다. 이쯤이면 명절을 없애는 게 좋지 않을까 싶기도 하다.

이미 스트레스 받을 걸 예상하면서도 결혼을 선택하는 사람이 여전히 많다. 결혼은 인간관계의 확장이면서, 스트레스의 원인이기도 하다. 얘기만 들어도 피곤할 때는 '역시 1인 가구가 좋지!' 하다가도 결혼해서 잘 사는 사람들을 보면 '나도 저렇게 할 수 있을까?'라고 생각하면서, 과연 나는 결혼이라는 제도에 적합한 사람인지 아닌지 스스로 점검하게 된다. 나는 결혼이 적성에 맞는 사람일까? 아래 결혼 적성 검사*를 통해 한번 체크해보자.

★ 치유상담연구원, 〈아름다운 미혼, 당신을 위하여(결혼 체질도 검사)〉, 2003년 7월 28일자 게시글(http://www.chci.or.kr/board/read.jsp?id=179&code=pds&s_category_).

결혼 적성 검사

1. 한 번이라도 좋으니까 턱시도, 웨딩 드레스를 입어보고 싶다고 생각한다.
① YES → 3 ② NO → 2

2. "자기 멋대로고 남을 생각할 줄 모른다"라는 말을 들은 적이 있다.
① YES → 8 ② NO → 6

3. 일에 지쳐 모든 걸 내팽개치고 싶을 때가 있다.
① YES → 8 ② NO → 4

4. 여행은 혼자 하는 것이 좋다.
① YES → 14 ② NO → 20

5. 부모님의 결혼생활이 이상적이라고 생각한다.
① YES → 9 ② NO → 10

6. 누군가를 위해서 요리하는 것이 즐겁다.
① YES → 5 ② NO → 7

7. 큰 액수에 대해 무감각하다. 1억 원이 있다고 해도 어디다 쓸지 모를 것 같다.
① YES → 10 ② NO → 11

8. 연애와 결혼은 별개다.
① YES → 20 ② NO → 7

9. 집안일을 잘하는 편이다.
① YES → 15 ② NO → 16

10. 세상 사람들의 눈이나 상식은 어느 정도 중요하게 여겨야 한다고 생각한다.
① YES → 16 ② NO → 17

11. 이대로의 생활이 계속되기를 바란다.
① YES → 18 ② NO → 17

12. 여태까지 한 번도 결혼하고 싶다고 생각한 적이 없다.
① YES → 19 ② NO → 18

13. 혼자서도 즐길 수 있는 취미를 갖고 있다.
① YES → 19 ② NO → 12

14. 남과의 대화에 서툴다.
① YES → 13 ② NO → 12

15. 가끔 이유 없이 눈물이 나는 때가 있다.
① YES → 21 ② NO → 16

16. 남의 말을 듣고 자신의 신념이나 사고방식이 쉽게 바뀌는 편이다.
① YES → 21 ② NO → 22

17. 혼자 있는 것이 자유롭게 느껴져서 좋다.
① YES → 23 ② NO → 22

18. 서른 살이 넘은 독신 중에 멋있다고 생각하는 사람이 있다.
① YES → 24 ② NO → 23

19. 노는 것, 일, 라이프 스타일 등을 불문하고 남이 내 방식을 간섭하는 게 싫다.
① YES→ 25 ② NO → 24

20. 현재의 생활에 불만족스러운 점이 있다.
① YES → 11 ② NO → 12

21. 하루 종일 밖에 나가지 않고 집에만 있어도 따분하지 않다.
① YES → 26 ② NO → 27

22. 봉사활동이 자신에게 맞다고 생각한다.
① YES → 27 ② NO → 28

23. 결혼적령기라는 말을 항상 의식하고 있다.
① YES → 28 ② NO → 29

24. 일이나 공부에 충실한 편이고 의욕적이다.
① YES → 30 ② NO → 29

25. 매일의 생활을 계획대로 실행한다.
① YES → 30 ② NO → 24

26. 무슨 일이 일어나면 친구나 애인에게 반드시 이야기하거나 상의한다.
① YES → 31 ② NO → 27

27. 지금까지 혼자 여행 계획을 세워본 적이 없다.
① YES → 31 ② NO → 32

28. 취직, 이직 등 중요한 결단을 내릴 때는 부모님이나 애인, 친구에게 상담한다.
① YES → 32 ② NO → 33

29. 생활 리듬이 깨지면 몸에 이상이 생긴다.
① YES → 34 ② NO → 33

30. 남자(또는 여자)에 대해 비판적인 편이다.
① YES → 35 ② NO → 34

31. 쇼핑은 꼭 다른 사람과 함께 한다.
① YES → A ② NO → 32

32. 혼자 있을 때 위험한 일이나 나쁜 일을 상상하곤 한다.
① YES → A ② NO → B

33. 즐거운 일, 슬픈 일 등을 가슴에 묻어두지 않고 누군가와 함께 나누고 싶다.
① YES → B ② NO → C

34. 때때로 장래에 대한 불안이 엄습할 때가 있다.
① YES → C ② NO → D

35. 아무리 애인이라고 해도 그(그녀)가 하라는 대로 하기는 싫다.
① YES → D ② NO → 34

진단 A **결혼이 아니면 죽음을 달라.**

결혼 체질도 100% 결혼을 상당히 갈망하는 당신은 다른 사람이 항상 옆에 있어야만 당신이 빛을 발할 수 있다는 것을 알고 있다. 당신은 남을 위해 노력하면서 자신을 발전시키기도 하고, 다른 사람의 의견을 듣고 자신의 생각을 정리하기도 한다. 정서적으로 약한 사람이어서 혼자 있으면 견딜 수 없을 만큼 외로움을 느낀다. 배우자와 함께 생활함으로써 비로소 한 사람의 인간으로 완성되는 타입이다.

진단 B **결혼하면 나름대로 행복하다.**

결혼 체질도 50% 당신은 결혼을 동경하지는 않지만 그렇다고 부정적으로 생각하지도 않는다. 긴 인생을 혼자서 살아갈 자신이 있는 것은 아니지만 그렇다고 결혼이 전부라고 생각하지도 않는다. 그러나 인연이 있는 사람과 결혼하게 되면 함께 살아간다는 것에 대한 재미를 느끼기도 하고 나름대로 행복을 느낄 수도 있는 타입이다.

진단 C **결혼 안 할지도 몰라 증후군**

비혼 체질도 50% 당신은 '절대로 결혼하지 않겠다'라고 생각하는 정도는 아니지만, 결혼하면 삶에 도움이 되지 않는 면을 잘 알고 있어서 결혼에 대한 열망이 없다. 독신의 자유로움을 너무나 잘 알고 있고, 타인과 함께 살면서 발생하는 번거로움도 잘 알고 있다. 게다가 평생 흥미를 느낄 수 있는 일이나 취미도 많아서, 찰떡궁합의 인연이 아니면 결혼을 적극적으로 생각하지 않는 타입이다.

진단 D **결혼하지 않아도 편하고 행복하게 살 수 있다.**

비혼 체질도 90% 당신은 결혼을 다소 부정적으로 생각하고 있다. 실제로 당신은 상당히 강한 독립심의 소유자로, 그 누구의 방해도 없이 자신이 정한 길을 자신만의 방법으로 헤쳐나가는 사람이다. 그런 만큼 옆에 다른 사람이 있으면 귀찮아서 어쩔 줄 몰라 하는 성격이다. 하물며 쓸데없이 옆에서 참견하거나, 다른 사람 때문에 자신의 시간을 버린다는 것은 생각할 수도 없다. 따라서 당신은 혼자서 살아가는 편이 훨씬 행복해질 수 있는 타입이다.

혼자 살아도 괜찮습니다만

사람들은 쉽게 1인 가구로 살면 외롭지 않냐고 질문한다. 만약 외롭다고 말하면 내 마음에 드는, 좋은 사람을 소개해줄 것도 아닌데 말이다. 질문에 대한 답이 중요하지 않다는 것은 이미 잘 알고 있다. "외롭다"고 하면 "좋은 사람을 만나"라는 답이, "외롭지 않다"고 하면 "나중에 나이 들면 외롭다"는 마치 공장에서 찍어낸 듯한 답변이 돌아오기 때문이다. 질문하는 사람도, 답을 하는 사람도 어떤 말을 해야 하는지도 모르는, 의미 없는 대화를 하게 된다.

많은 사람이 결혼에 대한 스트레스를 쏟아내면서도, 1인 가구에게는 결혼하라며 부추긴다. 혼자 사는 것은 젊어서는 괜찮지만, 나이가 들면 힘들고, 자식이 없으면 외로워서 힘들다고 한다. 그러면 '결혼생활에 대한 푸념이나 하지 말지'라고 생각하면서도, 한편으로는 '과연 나는 혼자서도 잘 살 수 있는 것일까?'라고 생각하게 된다.

오처럼 쉬는 날에 침대에서 뒹굴거리면서 휴대폰에 얼굴을 파묻고 시간을 보내고 있자면, '이렇게 사는 것도 꽤 괜찮을 것 같다'는 생각이 들면서 마음이 편안해진다. 그렇게 현재의 나를 인정한다. 그러다 친구들의 SNS 업로드 알람이 울리면 나의 평정심은 깨진다. 그들의 SNS 사진을 보고 있노라면 누구는 호텔에서 호캉스를 즐기고, 또 누군가는 충분히 이국적인 해외의 풍경을 감상하며, 다른 누군가는 사교적인 술자리, 분위기 좋은 레스토랑에서 시간을 보내고 있다. 분명 방금까지는 자신의 삶이 편안했고, 만족스러웠는데 불과 몇 분 만에 이렇게 사는 게 맞는지 불안이 엄습한다. 인생에는 정답이 없고, 만점을 받아야 하는 퀴즈가 아닌데도, 과연 자신은 무엇 때문에 누구의 삶은 맞고, 누구의 삶은 틀리다고 잣대를 대고 있는 걸까? 친구가 없어서? 좋은 곳으로 여행을 가지 못해서? 명품이나 좋은 자동차와 집을 갖지 못해서? 그냥 질투심이 많은 사람이라서?

이 모든 것을 갖췄다고 행복해지는 것은 아니다. 1인 가구로서 혼자 살 준비를 하려면 가장 먼저 해야 할 일은 나와 친해지는 것이다.

나와 친해지기 위한 질문들

아래의 질문에 답을 해보자. 과연 스스로에 대해 얼마나 알고 있는가?

나를 소개해봅시다

이름은?

나이는?

태어난 곳은?

현재 살고 있는 곳은?

가족관계는?

취미는?

나의 장점은?

나의 단점은?

지금 가장 만족하는 것은?

지금 가장 불만족하는 것은?

최근 만나는 친구는 몇 명?

이성친구는?

가장 소중한 친구 한 명을 소개한다면?

가장 좋아하는 일은?

가장 싫어하는 일은?

어린 시절하면 떠오르는 것은?

최근 가장 행복했던 때는?

....

여행을 간다면 어디로, 누구와?

....

스스로 참 잘했다고 생각하는 일은?

....

타임머신을 타고 과거로 돌아간다면, 바꾸고 싶은 것은?

....

타임머신을 타고 미래로 간다면, 확인하고 싶은 것은?

....

가장 후회하는 일은?

....

가장 하고 싶은 일은?

....

가장 하고 싶은 일 중 당장 할 수 있는 것은?

....

요술 램프의 지니가 세 가지 소원을 들어준다면 이루고 싶은 것은?

1. ....

2. ....

3. ....

1인 가구의 삶이 불안하다거나 타인의 삶을 부러워하는 이유가 물질적인 이유만은 아닌 것 같다고 생각하다가, 문득 '누군가를 꼭 만나야 하나?'라는 의문이 떠오른다. 나의 삶이 타인으로 인해 불안하다면 그것은 현재의 나와 나의 삶을 인정하지 못해서다. 아직 누군가를 만나고 싶은 생각도, 현재 옆에 있는 사람과 미래를 약속하기도 애매한 지금, 가장 쉽게 할 수 있는 일은 있는 그대로의 나를 인정하는 것이다.

돈이 많으면 행복해지기 쉽다지만, 부자도 불행해지는 것을 보면 결국 잘 먹고, 잘 살기 위해서는 내 마음이 건강해야 한다는 말이 정답인 것 같다. 얼마나 오랜 시간을 혼자 살지 모르는 지금, 우선 나의 모습부터 정리해보자.

진짜 나는 누구일까

나의 안과 밖

'다른 사람에게 보여주고 싶은 나(밖/외면)'와 '실제의 나(안/내면)'는 어떤지 생각해보세요. 충분히 생각했다면, 다양한 단어로 '나'를 표현한 후 이유를 작성해보세요.

■ **다른 사람에게 보여주고 싶은 나**

예) 혼자서도 능력 있는, 재밌는, 똑똑한, 멋진, 긍정적인

보여주고 싶은 모습	이유
•	
•	
•	
•	
•	

■ **실제의 나**

예) 집순이, 조용한, 노력하는, 게으른

실제 내 모습	이유
•	
•	
•	
•	
•	

실제 내가 생각하는 나의 모습과 타인에게 보여주고 싶은 모습 사이에 많은 차이가 있다면, 일상생활의 스트레스가 높아지고, 자신을 타인으로부터 보호하고자 하는 '방어기제'를 많이 사용하게 된다. 그러므로 타인에게 보여주고 싶은 모습과 실제 나의 모습을 일치시키는 것이 좋다. 건강한 내면은 있는 그대로의 나를 인정하면서 시작된다. 그렇다면 나는 왜 다른 사람에게 솔직하게 내 모습을 드러내지 못하는 것일까?

내면이 건강해지면 아무래도 타인의 시선이나 평가에도 여유가 생기고, 나에게 스트레스를 주는 대상이 줄어들면 정서적으로 편안해진다. 그러나 마음은 한순간에 건강해지지 않는다. 따라서 나의 내면을 챙기는 동시에 나의 생활을 돌봐야 한다.

1인 가구로 살면서 가장 많이 느끼는 감정은 '외로움'이고, 가장 많이 경험하는 일은 '외로움'을 견디는 것이다. 코로나19를 경험한 이후, 집에서도 혼자 할 수 있는 놀이가 많다고 알게 됐지만, 아무리 혼자 잘 논다고 하더라도 사람에게는 사회적으로 소속되고 싶은 본능이 있다. 결국 사람은 사람을 찾게 되어 있다. 이러한 욕구가 충족되지 않을 때, 우리는 외로움을 느낀다.

가끔 사람에게 상처를 받아 관계를 거부하거나 단절하는 경우도 있지만, 사실 사람이 사람에게 주는 위로는 생각보다 크다. 사람은 사람으로부터 자신의 존재감을 찾기 때문에, 타인의 SNS를 들여다보고, 다른 사람은 어떤 모습으로 살고 있는지 궁금해 한다. 그렇다고 아무하고나 친구가 될 수는 없는 노릇이다.

생각보다 나와 상호작용하는 사람은 많다. 1인 가구는 부모와 형제자매를 제외하고, 법적으로 얽혀 있는 관계가 없어서 좋다. 이 말은 나에게 스트레스를 주는 관계는 정리해도 된다는 의미가 아닐까? 인간관계를 점검해보고 나에게 부정적인 감정을 주는 사람은 내면의 건강을 위해서라도 정리하기를 추천한다. 완전히 관계를 끊어내라는 의미라기보다 그 사람과 대화하면서 내가 어떤 감정을 느끼고 있는지 충분히 살펴보길 바란다. 그래도 뾰족한 대안이 나타나지 않거나 상황이 개선되지 않는다면, 그때는 과감히 관계를 정리하는 것도 하나의 방법이다.

나는 누구와, 어디에서 안정감을 느낄까

혼자서 행복하게 살기 위해서는 무엇보다 주변에 좋은 사람들이 많아야 한다. 단순히 아는 사람이 많아야 한다는 게 아니라 단 한 사람이라도 나를 이해해주는 대상이 필요하다. 앞서, 나라는 사람을 점검했다면 이제는 현재 나와 관계를 맺고 있는 대상도 점검해보자.

■ 어떤 사람을 떠올렸을 때, 무슨 감정이 드나요?

- 즐겁고 미소가 지어진다면 긍정적인 사람에 표시하기
- 인상이 찌푸려지거나 기분이 나쁘다면 부정적인 사람에 표시하기
- 어떠한 감정도 느껴지지 않는다면 중립적인 사람에 표시하기

떠올렸을 때의 느낌	대상	만날 때 느끼는 감정	배울 수 있는 것	의지할 수 있는 것	관계를 지속하는 이유	관계가 단절된다면?
긍정적인 사람						
중립적인 사람						
부정적인 사람						

내가 어떤 모습을 하고 있는지, 어떤 사람을 만나는지 점검했다면 이제 내가 어떤 공간에서 살고 있는지를 점검하자. 공간이 주는 안정감은 생각보다 크다. 실제로 많은 사람이 집에 돌아왔을 때, 안정감을 느낀다. 다른 사람의 좋은 집, 여행지의 좋은 호텔에 머무르다가 낡고 좁지만 나만의 공간에 돌아왔을 때 느끼는 안정감을 한번쯤 체험했을 것이다. 심지어 1인 가구로서 독립된 공간을 가지고 있는 경우, 부모님의 집을 일컫는 '본가'에 갔을 때도 불편함을 느낀다. 독립하기 전까지 많은 세월을 살았던 공간인데도 낯설고 불편하다. 이러한 안정감은 반드시 독립해야만 느낄 수 있는 감정은 아니다. 부모님, 형제자매, 친구, 동료 등과 함께 살고 있을 때 '내 방'에서도 느낄 수 있다. 좋은 집, 비싼 집, 넓은 집이라서 느낄 수 있는 감정이 아니다.

그렇다면 안정감은 어디에서 오는 것일까? 바로 '통제'에서 온다. 내 집, 내 방이라는 공간은 내가 온전히 통제할 수 있는 공간이다. 따라서 나의 개성과 취향 등이 가장 많이 반영된 장소이기도 하다.

공간 전문가들은 집, 즉 내가 머무르는 공간이 나의 취향으로 꾸며졌을 때 삶의 만족도가 높아진다고 말한다. 지금 자리에서 일어나서 내 공간을 둘러보자. 내가 많은 시간을 보내는 이 공간은 나만의 취향이 담겨 있는 공간인지, 아니면 누군가의 취향이 깃든 공간에 내가 들어와 있는지 살펴보자. 비싼 물건으로 나의 공간을 꾸미라는 말이 절대 아니다. 중요한 점은 나의 취향, 나의 성격이 반영되어 있는지 살펴보는 것이다.

공간 점검하기

현재 내가 살고 있는 집이나 공간을 둘러본 후 아래의 질문에 답해봅시다.

가장 마음에 드는 공간	장소	
	이유	
가장 마음에 들지 않는 공간	장소	
	이유	
바꾸고 싶은 공간	장소	
	이유	

공간에 대해 고민했다면, 마음에 들지 않는 공간을 어떻게 바꿀 것인지 고민할 차례다. 돈을 들여서 무언가를 사는 것이 아니라 내 취향에 맞게 재배치를 하거나 물건들을 정리하는 것부터 시작하자. 자신의 마음에 드는 공간으로 변화한다면, 혼자의 삶이 더욱 만족스러울 것이다.

결혼에 대한 나의 가치관은 무엇일까

마지막으로 혼자의 삶을 준비하면서 점검해야 할 것은 자신의 가치관이 무엇을 지향하고 있는지다. 가치관은 '옳다, 그르다, 바람직하다' 등과 같이 판단하고 평가하는 것을 말한다. 이러한 가치관은 때로는 나의 삶을 피곤하게도 하고, 때로는 도움이 되기도 한다. 쉽게 말해 내가 어떤 선택을 할 때 영향을 주는 것, 내가 지향하는 것의 총합이 가치관이다.

그렇다면 1인 가구로서 나는 결혼에 대해 어떤 가치관을 갖고 있을까? 아래 제시된 테스트는 결혼에 대한 개인의 가치관을 묻는 질문★으로 구성되어 있다. 전통적인 결혼 가치관에 따르면 결혼을 통과의례로서, 당연히 해야 하는 것으로 생각한다. 따라서 만약 자신이 전통적인 결혼 가치관을 가지고 있다면, 결혼에 대한 압박이나 스트레스를 좀 더 높게 경험할 수 있다.

★ 여성가족부, 〈2020년 가족실태조사 질문지〉, 2021, 수정 보완.

삶의 방식과 결혼 가치관

	항목	전혀 그렇지 않다	별로 그렇지 않다	보통이다	대체로 그렇다	매우 그렇다
1	결혼은 반드시 해야 한다.	1	2	3	4	5
2	결혼적령기에 해당하는 나이가 있다.	1	2	3	4	5
3	혼자 사는 것은 건강한 삶의 방식으로 볼 수 없다.	1	2	3	4	5
4	결혼하지 않고 독신으로 사는 것은 불행하다.	1	2	3	4	5
5	결혼하지 않고 남녀가 함께 사는 것에 동의한다.	5	4	3	2	1
6	결혼하지 않고 아이를 낳는 것에 동의한다.	5	4	3	2	1
7	결혼생활에 대한 계약서를 쓰는 것이 필요하다.	5	4	3	2	1
8	결혼하는 것이 부모에 대한 효도이다.	1	2	3	4	5

■ **채점**

- 5, 6, 7번 문항은 역채점 문항입니다. 점수를 매길 때는 보이는 숫자대로 수행하세요.
- 각 항목의 응답이 곧 점수가 됩니다.
- 점수가 높을수록 전통적인 결혼 가치관을 가지고 있음을 의미합니다.(중간값 24점)

행복 경쟁은 하지 말 것

사람들은 1인 가구의 노년의 삶이 불행할 것이라고 예측한다. 정말 1인 가구는 노년에 불행한 것일까? 주변을 살펴보면 꼭 혼자여서, 혹은 가족을 이뤄서 행복하거나 불행한 것만은 아니다. 그럼에도 1인 가구라면 반드시 한번은 “혼자 살면 늙어서 외로워”라는 말을 듣는다.

배우자와 자식이 있다고 해서 외롭지 않다는 법도 없다. 실제로 행복에 대해 상반된 연구가 존재한다. 어떤 연구에서는 1인 가구가 다인 가구에 비해 덜 행복하다고 하고, 어떤 연구에서는 혼자 사는 사람들이 결혼한 사람에 비해 더 행복하다고 한다. 과연 어떤 게 정답일까? 인생의 행복에 정답이 존재하기는 할까? 본인들도 행복해 보이지 않는데 결혼을 강권하는 사람도 있고, 충분히 행복해 보이는데 결혼을 신중히 선택하라는 사람도 있다.

모든 선택은 자신의 몫이다. 사람과 상황에 따라 행복에 대한 기준이 달라진다. 결국 1인 가구의 삶이나 결혼한 삶이나, 행복에 대한 경쟁은 아무 의미가 없다.

솔로인 나, 잘 살고 있을까

그렇다면 현재 나의 삶*은 결혼 여부와 관계없이 어떠한가? 한번 생각해보자.

지금 나의 삶은 어떠한가요?

아래 당신이 동의하거나 동의하지 않을 수 있는 다섯 가지의 문항이 있습니다. 아래 1~10점 척도를 활용하여, 당신이 각 문항에 대해 동의하는 정도를 표시해보세요. 열린 마음으로 솔직하게 응답해주시기 바랍니다.

전반적으로 나의 삶은 내가 생각하는 이상적인 삶에 가깝다

전혀 동의하지 않는다				보통이다					매우 동의한다
①	②	③	④	⑤	⑥	⑦	⑧	⑨	⑩

나의 삶의 조건들은 매우 훌륭하다.

전혀 동의하지 않는다 보통이다 매우 동의한다

① ② ③ ④ ⑤ ⑥ ⑦ ⑧ ⑨ ⑩

나는 지금까지 살아오면서 내가 원했던 중요한 것들을 얻었다.

전혀 동의하지 않는다 보통이다 매우 동의한다

① ② ③ ④ ⑤ ⑥ ⑦ ⑧ ⑨ ⑩

만약 내가 인생을 다시 산다 해도, 거의 아무것도 바꾸지 않을 것이다.

전혀 동의하지 않는다 보통이다 매우 동의한다

① ② ③ ④ ⑤ ⑥ ⑦ ⑧ ⑨ ⑩

나는 나의 삶에 만족한다.

전혀 동의하지 않는다 보통이다 매우 동의한다

① ② ③ ④ ⑤ ⑥ ⑦ ⑧ ⑨ ⑩

★ Diener, E., Emmons, R. S., Larsen, R. J., & Griffin, S., "The satisfaction with life scale", *Journal of Personality Assessment*, 49, 1985, pp.71~75, 일부 수정.

척도의 점수에 연연하지 말고, 무엇 때문에 그렇게 생각하는지 고민해야 합니다. 어떠한 이유로 각 문항에 대답했는지 솔직하게 생각해보세요.

전반적으로 나의 삶은 내가 생각하는 이상적인 삶에 가깝다.		
이상적인 삶이 아닌 이유	보통인 이유	이상적이라고 생각하는 이유

나의 삶의 조건들은 매우 훌륭하다.		
훌륭하지 않다고 생각하는 이유	보통인 이유	훌륭하다고 생각하는 이유

나는 나의 삶에 만족한다.		
불만족하는 이유	보통인 이유	만족하는 이유

나는 지금까지 살아오면서 내가 원했던 중요한 것들을 얻었다.		
얻지 못한 이유	보통인 이유	얻을 수 있었던 이유

만약 내가 인생을 다시 산다 해도, 거의 아무것도 바꾸지 않을 것이다.		
바꾸고 싶은 이유	보통인 이유	바꾸지 않는 이유

자신에 대해 많이 알고 있으면 행복해질 수 있을까? 앞서 나-나와 주변과의 관계-나의 공간-나의 가치관을 점검해봤다. 이런 점검이 1인 가구로 사는 것에 어떤 도움이 될까 의문이 들 수 있지만, 타인과의 비교를 통해 자신의 삶을 평가하는 것보다 자신에 대해 좀 더 많이 알고, 스스로 평가에 초연할 수 있다면 행복할 가능성은 높다.

온전한 나를 받아들이는 방법

자신에 대해 만족감이 높아도, 이 만족감이 매일, 매 순간, 매 초마다 유지되지는 않는다. 가끔 사람들은 자아존중감을 오해하곤 한다. 어린 시절 자아존중감이 높은 사람은 커서도 자아존중감이 높을까? 그렇지 않다. 마찬가지로 오늘 자아존중감이 높았다고, 내일도 자아존중감이 반드시 높다고 단정하기 어렵다. 자아존중감은 연속적이기도 하지만 변동적이기도 하다. 결국 현재의 나를 어떻게 받아들이느냐에 따라 삶에 대한 태도가 달라질 수 있다.

아래 문항들* 을 통해 자신의 삶에 어떠한 생각과 느낌을 가지고 있는지 점검해본 후, 오늘부터 달라져보자.

나의 삶에 대해 어떻게 느끼고 있나요?

자신과 삶에 대해 어떻게 느끼는지 아래 1~10점 척도로 응답해주세요. 열린 마음으로 솔직하게 응답해주시기 바랍니다.

전반적으로 나는 인생에서 내가 하는 일들이 의미 있다고 느낀다.

전혀 동의하지 않는다　　　　보통이다　　　　매우 동의한다

① ② ③ ④ ⑤ ⑥ ⑦ ⑧ ⑨ ⑩

대부분의 경우, 나는 내가 하는 일로부터 성취감을 느낀다.

전혀 동의하지 않는다 보통이다 매우 동의한다

① ② ③ ④ ⑤ ⑥ ⑦ ⑧ ⑨ ⑩

나는 내 인생을 어떻게 살아야 할 것인지 결정하는 데 자유롭다.

전혀 동의하지 않는다 보통이다 매우 동의한다

① ② ③ ④ ⑤ ⑥ ⑦ ⑧ ⑨ ⑩

전반적으로 나는 자신에 대해 매우 긍정적이다.

전혀 동의하지 않는다 보통이다 매우 동의한다

① ② ③ ④ ⑤ ⑥ ⑦ ⑧ ⑨ ⑩

나는 언제나 나의 미래에 대해 낙관적이다.

전혀 동의하지 않는다 보통이다 매우 동의한다

① ② ③ ④ ⑤ ⑥ ⑦ ⑧ ⑨ ⑩

★ 국회미래연구원, <2020년 한국인의 행복조사 질문지>, 2020, 재구성.

척도의 점수에 연연하지 말고, 무엇 때문에 그렇게 생각하는지 고민이 필요합니다. 어떠한 이유로 각 문항에 대답했는지 솔직하게 생각해보세요. 나아가 어떻게 하면 내 삶이 긍정적으로 변할 수 있는지 적극적인 실천 방법을 생각해보세요.

전반적으로 나는 인생에서 내가 하는 일들이 의미 있다고 느낀다.		
의미가 없다고 생각하는 이유	보통인 이유	의미가 있다고 생각하는 이유

대부분의 경우, 나는 내가 하는 일로부터 성취감을 느낀다.		
성취감을 느끼지 못하는 이유	보통인 이유	성취감을 느끼는 이유

나는 내 인생을 어떻게 살아야 할 것인지 결정하는 데 자유롭다.		
결정을 망설이는 이유	보통인 이유	자유로운 결정을 도와주는 자원

전반적으로 나는 자신에 대해 매우 긍정적이다.		
부정적으로 느끼는 이유	보통인 이유	긍정적인 태도를 유지하는 방법

나는 언제나 나의 미래에 대해 낙관적이다.		
비관적인 태도에서 벗어날 수 있는 방법	낙관적인 태도를 가질 때 필요한 것	낙관적인 태도를 가질 때 얻을 수 있는 것

3월

독립과 책임 사이에서 고민하기

독립과 부양

또 다른 형태의 가족, 1인 가구

혼자 사는 삶이 아직 비정상 혹은 비주류라고 생각하고 있는가? 그렇지 않다. 1인 가구는 대세 중의 대세다. 아래 그래프를 통해 확인

■ 1인 가구 비율★

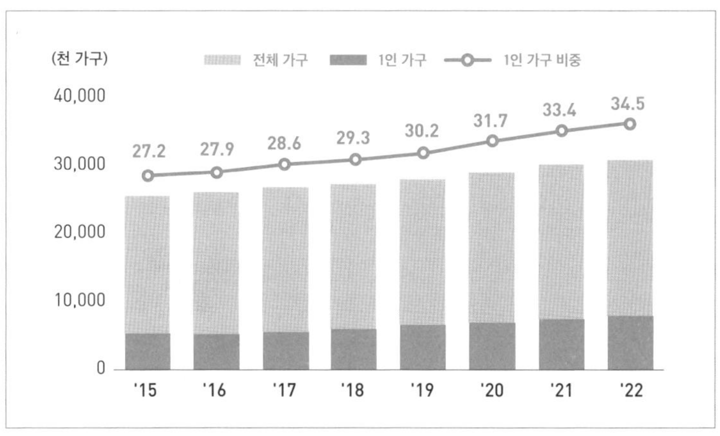

★ 통계청, 〈2023 통계로 보는 1인 가구〉, 2023.

해보자. 2022년을 기준으로, 우리나라의 1인 가구 비율은 34.5퍼센트로, 750만 2,350가구다.

한국에서만 1인 가구가 증가한 것은 아니다. 아래 제시한 OECD 주요국 1인 가구의 비중을 보면 알겠지만, 1인 가구는 세계적으로 증가하고 있다.

■ **OECD 주요국 1인 가구 비중(2020)**★

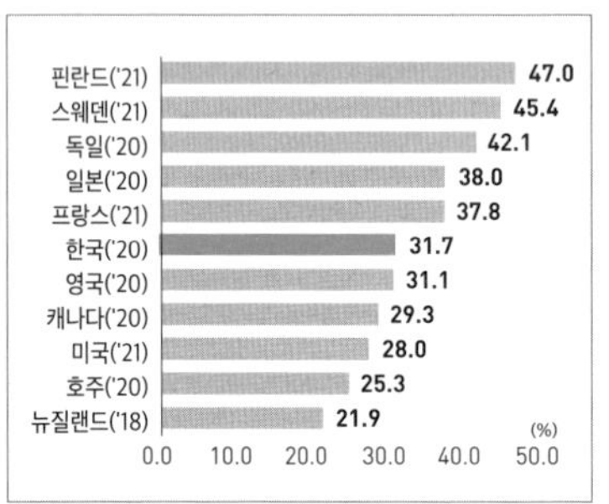

■ **OECD 주요국 1인 가구 전망**

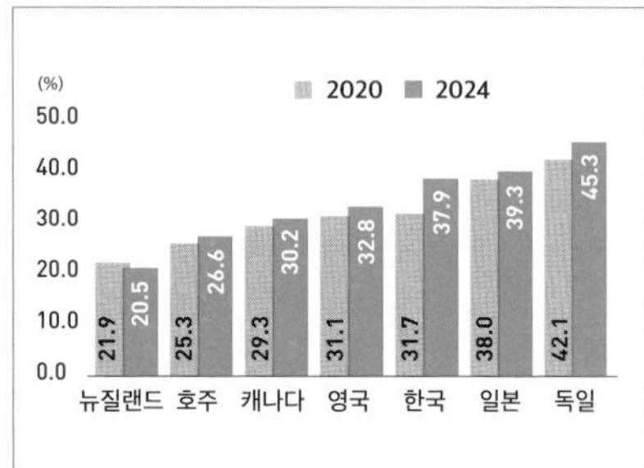

또한 1인 가구는 특정 연령대에만 나타나는 현상이 아니다. 연령이나 성별과 관계없이 지속적으로 증가하고 있다.

■ **1인 가구 성별 및 연령 비중**★★

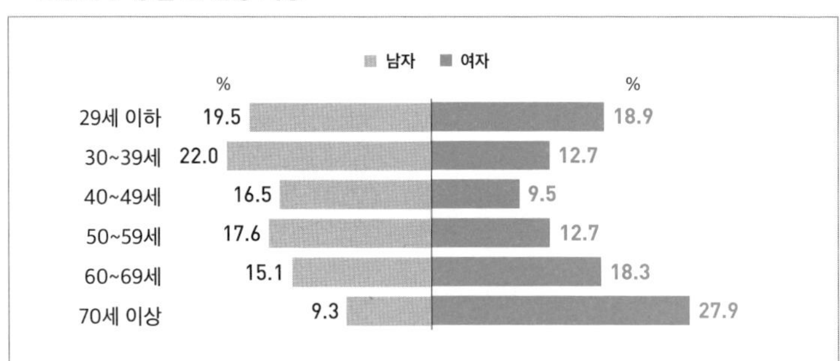

지난 20년간 '가족의 다양성family diversity'은 가족과 관련된 논의 중 가장 큰 이슈였다. 이른바 '전형적 가족the family' 논의에서 벗어나 '다양한 가족families'에 대한 논의가 시작되었다. 하지만 그럼에도 가족에 관한 논의 중 1인 가구는 많이 다뤄지지 않았다. 기존의 논의에서 1인 가구는 '비가족생활' 혹은 '가족이 아닌 가족' 등으로 불려왔다.

하지만 이제는 1인 가구를 하나의 삶의 형태라고 인정해야 할 때다. 과거에는 1인 가구를 결혼하기 전에 나타나는, 혹은 직장이나 학업으로 인한 일시적인 현상이라고 생각했다. 그렇지만 현재는 비혼, 노동시장 내 불안정성과 직업 경력 유연성의 영향, 수명 연장 등으로 이어지면서 인생 전반에 걸친 생활의 한 형태가 되었다.

1인 가구로 살면 좋은 점

누구나 아는 이야기를 왜 이렇게 길게 늘어놓았을까? 실제로 1인 가구로 사는 사람들은 자신의 삶을 일반적·보편적인 삶의 형태로 받아들이지 않는 것 같다.

★ 통계청, 〈2022 통계로 보는 1인 가구〉, 2022.
★★ 통계청, 〈2023 통계로 보는 1인 가구〉, 2023.

"저를 1인 가구라고 말하지 마세요. 듣기 싫어요."

"하루라도 빨리 혼자 사는 삶을 청산해야 할 것 같아요. 이렇게 사는 게 아닌 것 같아요."

"뭔가 안정된 느낌이 없어요."

"계속 이렇게 살아도 괜찮을까요?"

많은 1인 가구가 자신의 삶에 대해서 불완전하거나 미완성이라고 생각하는 것 같다. 물론 이렇게 생각하게 된 이유를 충분히 이해할 수 있다. 이전 세대의 사람들은 결혼하고 자녀를 낳아 기르는 가족의 모습으로 살아왔고, 그것을 정도正道라고 생각했다. 하지만 사회는 변했고, 이전과는 다른 모습으로 살아가고 있다. 1인 가구는 다양한 가족의 모습 가운데 하나의 형태이자 라이프 스타일이다.

1인 가구로 사는 사람들은 자신의 삶에 자부심을 가져야 한다. 현재 자신에게 주어진 삶을 온전히 책임져야 한다는 의미다. 음식을 제대로 해먹지 못해 식습관이 균형 잡히지 않았다면, 요리하는 법을 배워서 건강식을 만들어 먹어보자. 여가시간이 많아졌다면, 과거에 돈이 없어서 혹은 시간이 없어서 못 했던 공부를 하거나 취미생활을 가져보자. 혼자여서 외로움과 우울감이 짙어졌다면, 심리 건강을 위한 상담도 받아보고 사회적 커뮤니티도 찾아보자. 지

★ 가족센터(www.family.net)는 전국에 시군구 단위로 총 224개(2023년 기준)가 설치되어 있다. 1인 가구를 위한 교육, 문화, 상담, 동아리, 사례 관리 등 다양한 사업을 하고 있다.

금 한국 사회에는 1인 가구 지원 프로그램이 정말 많다. 대부분 무료로 프로그램이 진행되며, 어떤 경우에는 활동비도 지원해준다.*

우리는 우리의 삶을 인정하고 존중해야 한다. 자신의 삶을 있는 그대로 받아들이고, 존중할 때 그 삶 자체가 아름다울 수 있다. 1인 가구로 살면서 우리가 누리는 특권을 찾아보고, 좋은 점을 발견해 보자. 그리고 아래 칸에 그 내용을 빼곡하게 적어보자. 생각보다 1인 가구라서 좋은 점이 많을 것이다.

1인 가구라서 좋은 점

1.
2.
3.
4.
5.
6.
7.
8.
9.
10.

11.

12.

13.

14.

15.

16.

17.

18.

19.

20.

21.

22.

23.

24.

25.

26.

27.

28.

29.

30.

나는 완전히 독립했을까

"부모로부터, 가족으로부터 독립했습니까?"라는 질문에 뭐라고 대답할 수 있을까? "네", "아니오"라고 대답할 수 있을까? 아니면 "글쎄요"라고 대답할 수 있을까? 어쩌면 "가족으로부터 독립하는 게 꼭 필요해요?"라고 되물을 수도 있다.

부모의 궁극적인 역할은 '자녀의 독립'이다. 부모 입장에서는 부모의 돌봄이 없어도 자녀가 살아갈 수 있도록 성장시키는 것이고, 자녀 입장에서는 부모의 도움 없이 자신의 삶을 살아가는 일이 중요하다. 자녀는 2 ~ 30년 이상 부모에게 의존하며 살았던 삶을 청산하고, 부모는 자녀를 보살피고 양육하던 일을 그만두어야 한다. 양쪽 다 익숙한 삶에서 벗어나야 하는 일이다. 그런 이유로 자녀의 독립은 부모와 자녀 모두에게 참 어려운 일일 수밖에 없다.

혼자 사는 사람들은 자신이 부모와 떨어져 살고 있으니 독립했다고 착각한다. 일부분은 맞는 말이지만 독립이란 물리적·공간적 독립만을 의미하지 않는다. 그러므로 우리가 부모로부터 얼마나 독립했는지 다양한 시각에서 점검해봐야 한다.

독립의 여러 가지 의미

독립은 크게 물리적·정신적·정서적·경제적 독립으로 구분한다.

첫째, 물리적 독립이란 일반적으로 공간 분리를 의미하며, 부모와 자식이 따로 거주하는 것을 말한다. 그 외에 만남의 횟수, 연락의 빈도도 포함된다.

둘째, 정신적 독립이란 다양하게 해석될 수 있다. 여기서는 의사결정의 문제로 한정해보자. 어렸을 때는 삶의 많은 부분을 부모가 결정해주거나, 부모의 의견을 전적으로 따르는 경우가 많다. 하지만 성인이 된 자녀는 자신의 삶에 대해서 고민하고, 스스로 의사결정을 하며 책임을 져야 한다.

셋째, 정서적 독립이란 부모와 자신이 감정적 분화가 일어나는 것을 뜻한다. 예를 들어, 아버지와 어머니가 다툰 후, 어머니가 딸에게 아버지에 대한 부정적인 감정을 다 털어놓았다고 가정해보

자. 이런 이야기를 들었을 때, 딸은 속상하기도 하고, 화가 나기도 하며, 답답하기도 할 것이다. 그럼에도 정서적 독립이 잘 되었으면 어머니의 감정은 어머니의 감정이고 자신의 감정은 자신의 감정이므로, 자신의 감정을 잘 정리하고 일상생활에 다시 몰입할 수 있다. 이렇게 정서적으로 독립하면 가족의 감정에 영향을 덜 받고 나름대로 자신의 감정을 소화할 수 있다.

넷째, 경제적인 독립은 자신의 삶에 필요한 비용을 자신이 책임지는 것을 뜻한다. 제일 간단하지만 어려운 문제이기도 하다.

이처럼 자신의 독립 정도를 네 가지 측면에서 확인해보자. 그리고 독립의 정도를 1~10까지 숫자로 적어보자. 1은 독립이 가장 되지 않은 상태, 10은 완벽히 독립된 상태다. 아래 표에 자신의 독립 정도, 그렇게 생각한 이유, 만약 완전한 독립이 되지 않았다면 현재 상태에서 완전한 독립을 위해서 할 수 있는 노력이 무엇인지 적어보자.

영역	독립의 정도 (1~10점)	그렇게 생각한 이유	독립을 위해서 할 수 있는 노력
물리적 독립			
정신적 독립			
정서적 독립			
경제적 독립			

가족으로부터 독립이 잘 이루어졌고, 가족과 독립에 대한 문제가 없다면 괜찮지만, 그렇지 않다면 완전한 독립 혹은 성숙한 독립을 위해서 어떻게 노력해야 하는지 생각해보자.

1인 가구라면 물리적인 독립은 어느 정도 이루었을 것이다. 하지만 종종 부모의 집 근처에 살면서 잠을 제외한 모든 것을 부모의 집에서 해결하는 경우가 있다. 과연 물리적인 독립이라고 할 수 있을까? 1인 가구 중 일부는 혼자 있는 것이 두려워서 혹은 낯설어서 자신의 집을 그대로 둔 채 부모님의 집에서 지내는 경우도 있다.

하지만 자신의 집에 적응하는 것도 시간이 필요하다. 무섭다고 혹은 낯설다고 자신의 집을 방치한 채 부모님의 집에서 지낸다면,

집과 친해지기도, 물리적인 독립도 어렵다. 집에 있는 시간을 조금씩 늘려보자. 혹시 안전의 위협을 느낀다면 안전장치를 설치하자. 안전장치는 국가에서 무상으로 지원해주는 경우가 많다. 또한, 집을 자신이 원하는 스타일로 꾸며보자. 그 공간이 좋아질 것이다. 집에서 추억을 많이 만들어보자. 맛있는 음식도 만들어 먹고, 집에 필요한 물건도 직접 구매하거나 만들어보고, 좋아하는 음악도 듣고, 좋아하는 사람들도 초대해보자. 그렇게 집과 친해지자.

정신적 독립은 실제로 가장 어려운 독립 중 하나다. 쉽게 어떤 결정을 하는 사람도 없고, 정답도 없기 때문이다. 때때로 자기 삶의 의사결정권을 부모에게 넘기는 경우가 있다. 하지만 자신의 삶이니 절대로 그러면 안 된다. 스스로 의사결정을 하고 책임지는 것을 연습해야 한다. 집 안에 둘 물건을 구입하는 것, 직장 이직, 결혼 문제까지 하나씩 작은 일부터 스스로 결정하고 책임지는 연습을 해보자.

정신적 독립이 어려운 또 다른 이유는 부모의 태도 때문일 수도 있다. 부모는 자연스럽게 자녀를 양육하던 방식대로 자녀의 삶에 개입할 것이고, 이로 인해 자녀와 마찰이 생길 수도 있다. 이때, 자녀는 부모에게 "내가 알아서 할테니 신경 쓰지 마세요"라고 표현하면 위험하다. 이는 부모와의 관계를 해치는 말이다. "부모님께서 제 걱정해주시고, 신경써주셔서 감사합니다. 더 고민해볼게요"라고 공손하게 이야기해야 한다. 이는 부모의 의견을 무시하지 않으면서, 자신의 의견을 피력할 수 있는 좋은 방법이다. 혼자 살아간다는 것은 부모를 비롯한 지인들의 의견을 듣고 조언을 구할 수도 있으나, 자신의 삶에 대한 의사결정은 오롯이 자신이 하고 이 결정에 대해 책임지는 삶이다. 자신이 원하는 삶을 살고, 그 결정에 대한 책임을 즐기는 삶, 멋있지 않은가?

정서적 독립은 어떻게 달성할 수 있을까? 우선 정서적 독립은 부모와 해결되지 않은 이슈가 있다면 쉽지 않을 수 있다. 아래 내용 중에 혹시 부모와 해결되지 않은 이슈가 있는지 체크해보자.

- □ 어린 시절 부모의 애정 어린 보살핌과 관심을 받지 못했다.
- □ 부모가 자신을 방치했거나 방임했다.
- □ 부모가 지나치게 과보호하고 개입했다.
- □ 부모로부터 정서적·언어적·신체적 학대를 당했다.
- □ 다른 형제자매에 비해 심한 차별 대우를 받았다.
- □ 부모의 지속된 갈등에 노출되었다.
- □ 성인이 되어도 도저히 부모의 양육 태도가 이해되지 않는다.

모든 사람은 완벽하지 않다. 모든 환경도 완벽하지 않다. 부모도, 자녀도, 우리를 둘러싼 환경도 완벽하지 않다. 그러므로 완벽한 부모와 자녀 관계란 없다. 부모로부터 상처를 받지 않은 자녀도, 자녀를 양육하면서 어려움이 없었던 부모도 없다. 부모와 자녀는 정서적으로 복잡하게 얽힌 관계다. 정서적으로 복잡한 감정을 정리하는 것부터 시작할 때 정서적 독립이 가능해진다.

자녀가 성숙해져서 부모의 감정, 생각, 행동을 이해하고 납득하는 경우, 부모와의 관계 속에서 갈등과 아픔을 드러내고 해결된 경우, 부모가 자신의 잘못을 알고 자녀에게 진심 어린 사과를 한 경우 등 이런 과정을 거친다면 부모와 자녀는 감정적으로 얽혀 있던 실타래를 풀어나갈 수 있다. 이것이 정서적 독립의 열쇠다. 하지만 감정적인 얽힘이 해결되지 않았다면 정서적 독립이 어렵다. 서로에 대한 울분, 분노, 불안, 공포, 서운함 등의 감정이 해소되지 않았기 때문에 이 감정을 해소하기 위해서 부모와 자녀는 계속 부딪히게 된다.

그렇다면 이 갈등은 어떻게 극복할 수 있을까? 해결 방법은 바로 부모와 깊은 이야기를 나누는 것이다. 생각보다 어려운 일일 수도 있다. 자신을 혼란스럽게 하는 감정이 과거의 어떤 사건으로 인해 생긴 감정인지, 그로 인한 생각은 어떠한지를 구체적으로 이야기하자. 그리고 부모(혹은 주 양육자)와 이야기하기 전에 부모에 대한 자신의 감정을 기록해보자. 자신의 감정이 정리되면 훨씬 더 건강한 방식으로 이야기를 나눌 수 있을 것이다.

■ 부모(주 양육자)에 대한 자신의 감정

■ 부모(주 양육자)에 대한 자신의 생각

과거를 들춰서 서로에게 상처를 주자는 의미가 절대 아니다. 한 사건에 대해 각자의 감정과 생각이 다르고, 상황을 인지하는 것도 다르기 때문에 이에 대해 자신만의 생각과 상황을 설명하면 오해가 풀리기도 하고, 상황이 이해되기도 한다. 이런 과정을 거치면 서로에 대한 이해의 폭이 넓어져서 자연스럽게 감정이 해소될 수 있다.

다만, 이때 '대화의 타이밍'이 가장 중요하다. 예를 들어 갑자기 "엄마, 어릴 때 왜 그렇게 나한테 엄격하게 대했어?"라고 공격적으로 질문하면 안 된다. 부모도 대화할 준비가 필요하다. 먼저 대화를 예약해야 한다. "엄마, 요즘 여러 가지 책을 보고 공부하다보니 엄마와 나의 어린 시절에 대해 이야기하고 싶어졌어요. 엄마가 시간이 날 때, 우리 맛있는 디저트 먹으면서 같이 이야기해봐요"라며 대화 분위기를 조성해보자. 다시 한번 강조하지만, 부모와 자녀와의 감정적인 얽힘이 해소되었을 때 서로 진정한 정서적 독립을 할 수 있다.

경제적 독립은 어떻게 이룰 수 있을까? 답은 간단하다. 열심히 경제활동을 하는 것이다. 자신의 경제 상황을 살펴보고, 소비와 지출을 통제하자. 우리 모두 다 알고 있는 방법이다. 경제적인 독립이 이루어졌을 때, 즉 부모에게 경제적으로 손을 벌리지 않을 때 우리는 독립했다고 당당하게 말할 수 있을 것이다.

이 글을 읽는 내내 궁금했을지도 모르겠다. '부모에게서 독립하는 것은 꼭 필요할까?' 그렇다. 독립은 꼭 필요하다. 부모는 부모의 역할을 위한 삶이 아닌 부모 자신의 삶을 살아가야 하고, 자녀는 자녀로서의 삶이 아닌 자신의 삶을 살아가야 행복하기 때문이다. 자녀가 부모에게서 독립한다는 것은 부모와 자녀에게 안정감을 주면서 행복한 삶을 살기 위한 필수 조건이다.

이 말을 오해하지 않았으면 좋겠다. 독립하기 위해 부모와 인간관계를 끊으라는 의미가 절대 아니다. 독립은 부모와 자녀 사이에 건강하고 성숙한 거리감을 만들어 서로가 주체적으로 자신의 삶을 사는 방법이고, 건강한 관계를 유지하는 길이다. 서로에게 어려움과 문제가 있으면 함께 도와 해결하고, 즐겁고 행복한 일이 있으면 함께 나누면서 살아가면 된다. 애정을 유지하되 서로를 존중하는 것, 그것이 바로 성숙한 독립이다.

가족의 부양을 책임져야 할 때

부양扶養은 생활 능력이 없는 사람의 생활을 돌보는 것이다. 우리는 부모의 도움으로 성장하고 살아왔다. 따라서 부모가 생활할 능력이 없어지면 부모의 생활을 돌보는 게 당연한 일일지도 모른다. 하지만 현대사회에서는 부모의 부양을 자녀의 책임이라고만 생각하지 않는다. '노인장기요양보험'이라는 제도로 인해 노인들은 노령연금을 받을 수 있게 되었고, 재가노인복지가 가능해져서 집에 살면서 무료 혹은 실비로 요양보호사의 도움을 받을 수 있다. 건강이 악화되어 혼자서 일상생활을 하기가 어렵다면, 노인복지시설에 입소해서 살아갈 수도 있다. 이처럼 한국에도 다양한 제도가 완벽하지는 않지만 갖춰져 있다. 그럼에도 자녀들에게 부모 부양은 쉽지 않은 일이다.

특히, 1인 가구는 부모를 부양하기가 더 쉽지 않다. 간단히 말해서 1인 가구는 직접 양육하거나 부양해야 하는 가족이 없는 홀몸이다. 결혼한 형제자매가 있다고 가정해보자. 이미 이들은 자신이 책임지고 돌봐야만 하는 각각의 가족원이 있다. 부모의 입장에서는 사위, 며느리, 손자녀의 눈치가 보여서 몸이 아파도, 돈이 부족해도, 바로 연락해서 필요한 것을 요구하기가 쉽지 않을 것이다. 그렇다면, 부모는 누군가를 돌볼 사람이 없는 자녀에게 가장 쉽고 편하게 문제를 해결해달라고 도움을 요청할 수 있다. 혼자 사는 자녀가 부모의 부양을 책임지는 것이 무슨 문제일까? 문제가 아닐 수도 있지만, 오히려 혼자 사는 삶이기에 쉽지 않을 수 있다.

예를 들어, 두 자매 중 언니는 미혼이고, 동생은 기혼인 상황에서 어머니가 건강에 이상신호가 왔다고 가정해보자. 이때 동생은 언니에게 이렇게 고민을 털어놓을 것이다.

"언니, 엄마가 몸이 좋지 않으신가 봐. 아까 통화했는데 목소리가 좋지 않더라고. 나는 애들 어린이집에 데리러 가야 해서 그런데… 언니가 엄마한테 한번 가 봐. 혼자 사는 언니가 움직이는 게 제일 편하잖아."

동생의 말이 사실일 가능성이 높다. 혼자 독립해서 사는 사람은 자녀도 없고, 끼니를 챙겨야 하는 가족도 없다. 어쩌면 부모를 가장 먼저 편하게 챙길 수 있는 사람일 것이다. 하지만 가족 중 누가 아픈 상황이 반복된다면, 괜찮을 수 있을까? 1인 가구도 일상이 있는데, 갑작스럽게 호출될 수 있는 상황에서 늘 다른 가족을 배려할 수 있을까?

부모의 부양을 어디까지 책임질 수 있을까

미래에 다가올 삶을 준비해보자. 자식이 50대쯤 되면, 그의 부모는 70~80대일 것이다. 부모는 신체의 노화로 인해 예전과 같이 활동할 수 없을 것이고, 사회적 관계망도 축소되어 정서적으로도 위축되어 있을 것이다. 신체의 노화 정도와 대처 능력에 따라서 차이는 있지만, 부모는 누군가의 돌봄이 필요할 것이다.

외동이라면 다른 자녀가 없기에 오히려 부모를 부양하는 게 어렵지 않을 수 있다. 한편, 다른 형제자매가 있다면 당연히 누군가와 분담해서 부모를 부양할 수 있다고 기대할 것이다. 하지만 1인가구가 아닌 형제자매들은 자신이 아니더라도 부모를 부양할 일차적인 책임을 질 수 있는, 혼자 사는 형제자매부터 찾을 것이다. 이렇게 사람은 각자가 처한 입장에 따라 생각과 행동 또한 다르다. 따라서 1인 가구로 사는 사람들은 자신이 원하지 않아도 부모를 부양할 1차 책임자가 될 가능성이 높다. 부모의 부양에 대해서 어떻게 생각하는가? 부모를 부양할 책임을 잘 받아들이고 해낼 수 있는가? 아니면 그렇지 않은가? 자신의 생각을 정리해보자.

■ **부모를 부양할 수 있는가? 할 수 있다면, 어디까지 책임질 수 있는가?**

부양은 크게 세 가지 유형으로 구분할 수 있다. 첫째, 경제적 부양이다. 부모에게 필요한 금전이나 물질을 제공하는 것으로, 부모의 빈곤을 예방할 수 있다. 둘째, 신체·서비스적 부양이다. 신체적 독립과 가사 운영 및 가정생활에 필요한 청소, 심부름, 질병 시 돌봄을 제공하거나 병원 출입 등 원하는 곳에 모시고 나가는 일 등을 의미한다. 셋째, 정서적 부양이다. 부모의 감정과 정서를 이해하고 외로움과 고독을 달래주는 등 심리적·정서적 욕구 충족과 안정을 위해 도움을 제공하는 것이다.

반드시 한집에서 같이 살지 않고 집 근처에 따로 살면서 부양할 수도 있다. 경제적인 부양은 못 하지만 신체·서비스적 부양을 책임질 수도 있고, 형편상 경제적, 신체·서비스적 부양을 할 수 없지만 부모와 친밀해서 정서적 부양을 할 수도 있다. 84쪽의 표를 통해서 우리가 어떻게 부모를 부양할 수 있을지 순서대로 고민해보자.

'부모를 부양해야 하면 그냥 하면 되지 왜 이렇게 복잡하게 따지지?'라고 생각할 수 있다. 하지만 부모를 부양하는 시점이 언제인지 예측하기 어렵기도 하고, 언제까지 책임져야 하는지도 알 수 없으며, 얼마나 많은 노력이 들어가야 하는지조차 알 수 없다. 그만큼 불확실성이 크다. 불확실성이 크면, 삶에 적응하는 것도 힘들어진다.

특히, 1인 가구의 경우 자신의 부모를 부양해야 할 책임이 더 많이 생길 수 있다. 언젠가 부모를 부양해야 하는 상황을 대비해 마음의 준비부터 현실적인 준비까지 미리 해야 한다.

■ 부모 부양

1	부모의 생존	2번으로 이동
	부모의 사망	• 애도 기간을 갖고 부모의 사망을 충분히 슬퍼하기 • 부모와의 추억을 상기하기 • 부모의 사망 기념일 보내는 방법: 제사 혹은 추도식
2	형제자매 있음	3번으로 이동
	형제자매 없음	4번으로 이동

		특성 / 출생순위	성별	돌봄 가족수	경제적 상황	부양 가능성	★ 부양 유형	★★ 종합 점수
3	형제 자매의 상황	첫째						
		둘째						
		셋째						
		그 외						

4	자신의 상황	경제적 상황	
		신체적 건강 상황	
		부모와의 친밀도	
		부양 가능성	
		부양 유형	
		종합 점수	

★ 경제적 VS 신체·서비스적 VS 정서적 부양 VS 모든 유형의 부양 가능.

★★ 자신의 입장에서 생각할 때(혹은 형제자매와 논의해보았을 때) 부양의 책임자로서의 가능성과 수행 가능성을 1~10점으로 평가함(1점이 점수가 부양 가능성이 가장 낮은 상태, 10점이 부양 가능성이 가장 높은 상태).

4월

서로 다른
꽃처럼 다양한
사랑의 형태

사랑

혼자 살아도, 사랑은 합니다

"혼자 살아도, 사랑은 합니다. 다만, 사랑하는 대상이 사람이 아닐 수도 있습니다."

1인 가구로 살면서, 가장 많이 받는 질문은 사랑하는 사람이 있는지다. 이 질문은 "만나는 사람은 있어? 연애는 해? 결혼 생각은 있는 거야?"로 종종 바뀐다. 최근 우리 사회에서는 개인의 결혼이나 인생 계획에 대해 질문하지 말아야 한다는 의식이 확산되고 있지만, 1인 가구에게 가장 쉽게 할 수 있는 질문은 누가 뭐래도 '사랑'인 것은 분명하다.

유명한 노래 가사에서조차 "연애는 필수"라고 말한다. 연애의 시작은 사랑이고, 대상은 반드시 사람이라고 전제한다. 내가 연애에 적합한 사람인지, 누군가에게 사랑을 쏟을 수 있는 상태인지 고민할 시간도 없이 어느새 연애는 필수다.

1인 가구라면 "현재의 삶에 만족하고 있어?"라는 질문 대신 "만나는 사람은 있어?"라는 질문을 받기 마련이다. 현재 혼자 사는 자신의 삶이 만족스러워서 또는 사랑에 별다른 관심이 없어서, 다른 무언가에 사랑을 쏟을 수도 있어서 "지금 혼자의 삶이 좋다"라고 답변하면 "아…… 그래?" 하며 왠지 모를 불쾌한 시선이 따른다. 왜 '일이 바빠서', '공부하고 있어서', '지금이 좋아서' 등 현재 나의 상황이나 감정을 설명해야 하는지 답답하고, 구구절절 설명하는 자신의 모습에 짜증도 난다.

이런 모습들은 '눈이 높아서', '자신의 주제를 몰라서' 등의 부정적인 시선에서 벗어나기 위한 시도가 아닐까? '못' 만나는 것이 아니라 '안' 만나고 있음을 말로 쏟아내도 불쾌한 감정은 가라앉지 않는다. 1인 가구가 2~3인 가구의 수를 뛰어넘었음에도 우리 사회는 여전히 '연애'와 '결혼'을 기본으로 전제하고 있는 듯하다.

왜 사람들은 타인의 '혼자인 삶'을 부담스러워할까? 진심으로 상대방이 사랑과 연애, 결혼하기를 바라는 것일까? 많은 사람이 1인 가구를 결혼하기 전 '잠시 혼자 사는 상태'로 정의한다. 물론 틀린 말이 아닐 수 있지만, 이쯤이면 자연스럽게 언제쯤 우리 사회는 1인 가구로서의 삶을 인정하게 될까 생각하게 된다.

내가 사랑하는 대상은 무엇일까

1인 가구로 살면서 여러 번의 타협 끝에 인간의 삶에는 사랑이 필요하다는 것까지는 인정할 수 있다. 그렇다면 몇 가지 의문이 생긴다. 그중 하나는 '사랑하는 대상이 반드시 사람이어야 할까?'다. 강아지나 고양이 등의 반려동물이나 반려식물, 더 나아가 일에 이르기까지 내가 애정을 갖는 대상이 반드시 사람이 아닐 수도 있다. 누군가의 의미 없는 질문에 강아지, 고양이, 식물에게 애정을 쏟고 있다고 이야기하면 "그래도 연애는 해야지"라는 말이 공식처럼 따라 붙는다.

과연 사랑이 무엇이길래 다들 이리도 집착하는 것일까? '도대체 사랑이 무엇일까? 나는 사랑에 관심을 갖고 있는가?'라는 질문은 마치 나뭇가지가 자라듯 나에게 사랑이 필요한 것인지, 사랑의 본질은 무엇인지에 대해 생각을 확장시킨다.

1인 가구에게 사랑은 중요하다. 사랑은 무엇인가에 마음을 쏟게 하고, 의지하게 한다. 삶을 주체적으로 살 수 있도록 돕기도 하고, 그것이 삶의 동기를 만들어내기도 한다. 그 대상이 반드시 사람이 아닐지라도 말이다. 나는 지금 무엇을 사랑하고 있는지, 나에게 사랑의 의미는 무엇인지 차분히 생각해보자.

내가 사랑하거나 또는 현재 애정을 쏟고 있는 것은 무엇인가요?

1.
2.
3.
4.
5.

중요도

1순위	>	2순위	>	3순위	>	4순위	>	5순위

투입 시간

1순위	>	2순위	>	3순위	>	4순위	>	5순위

투입 비용

1순위	>	2순위	>	3순위	>	4순위	>	5순위

피드백

1순위	>	2순위	>	3순위	>	4순위	>	5순위

	중요도	투입 시간	투입 비용	피드백
1순위				
2순위				
3순위				
4순위				
5순위				

대상에 따른 중요도와 시간, 비용이 모두 일치하지 않을 수 있다. 정답은 없으니 나에게 무엇이 중요한지 천천히 생각해보자. 예를 들어 어떤 사람은 투입한 비용 대비 나에게 돌아오는 반응이 중요한 사람이 있을 수 있고, 어떤 사람은 중요한 대상이지만 좀 더 적은 시간을 투입하는 사람도 있을 수 있다. 나의 인식과 태도를 생각해보자.

사랑의 여섯 가지 유형

나만의 사랑 방식

아래에 나온 다양한 표현 중 '사랑' 하면 떠오르는 문장이나, 나만의 사랑 스타일을 생각한 후 해당하는 곳에 ✓ 표시를 해보세요.

문항		○	×
에로스 (eros)	열정	1	0
	상대방이 나에게 몰두하기를 바람	1	0
	적극적인 표현	1	0
	첫눈에 반함	1	0
	총점		
루두스 (ludus)	일종의 주고받는 게임	1	0
	재미를 위한 것	1	0
	헌신하면 '헌신짝'인	1	0
	여러 사람과 동시에 가능한	1	0
	총점		
스트로게 (storoge)	말로 표현하기보다 함께 있어주는 것	1	0
	서서히 무르익는 것	1	0
	가슴 떨림보다는 정(情)	1	0
	친구 같은 편안함	1	0
	총점		
매니아 (mania)	소유(독점)하는 것	1	0
	질투가 많음	1	0
	사랑을 하면 감정기복이 심함	1	0
	지속적으로 사랑받는다는 확인이 필요함	1	0
	총점		

프레그마 (pragma)	받는 것 = 주는 것	1	0
	상황에 따라 달라질 수 있는 것	1	0
	친구 또는 부모와 상의해서 결정 가능	1	0
	상대방의 조건에 대해 이성적인 판단이 필요함	1	0
	총점		
아가페 (agape)	책임과 의무가 따르는 것	1	0
	상대방을 위해 헤어질 수 있음	1	0
	베풀고, 상대방을 돌봐주는 것	1	0
	헌신과 이타심	1	0
	총점		

■ **나의 사랑의 방식은 무엇인지 총점이 높은 순서대로 작성해보세요.**

■ 사랑의 유형*별 특징

사랑의 유형	구분	특징
에로스	• 열정적인 사랑 • 낭만적인 사랑	• 강한 정서적 감정이 특징이다. • 첫눈에 반하는 것이 가능하고, 시각적·신체적 매력에 끌리는 경우가 많다. • 상대방이 자신에게만 몰두하기를 기대하기 때문에, 연인과 함께하는 것을 삶의 중요한 요소로 인식한다. • 말과 접촉을 통해 사랑을 표현하는 것을 즐긴다.

루두스	• 유희적인 사랑	• 사랑을 일종의 게임이라고 인식한다. 사랑에 빠지거나 헌신할 의사가 없으며, 언제든 다른 대상을 찾아 떠날 준비가 되어 있는 경우가 많다. • 한 사람에게만 몰입하지 않고, 여러 대상을 동시에 사랑할 수도 있다. • 성관계를 '나의 재미'를 위한 것으로 인식한다.
스트로게	• 친구 같은 사랑 • 우애적인 사랑	• 함께한 시간이 축적되면서 서서히 무르익는 사랑을 말한다. 따라서 첫눈에 반하기보다 시간이 흐르면서 사랑에 빠지게 된다. • 지속적인 정(情)에 근거한 사랑을 추구하기 때문에 "사랑해"와 같은 언어 표현을 어색해하는 경우가 많다. • 장기간 안정적인 관계를 추구하는 것이 특징이다.
매니아	• 소유적인 사랑	• 열정적인 사랑과 유희적인 사랑이 결합된 형태의 사랑이다. • 극도의 의존성과 강한 질투가 특징으로, 사랑이 기쁨에서 슬픔으로 변하는 등 감정 기복이 심한 편이다. • 사랑받고 있다는 지속적인 확인이 필요하기 때문에 상대로부터 더 많은 애정과 헌신을 요구한다. • 어린 시절 불행했다고 인식하는 경우가 많고, 성인 이후에는 외로움을 경험하고 일에 만족을 하지 못하는 경우가 많다.
프레그마	• 실용(실리)적인 사랑 • 쇼핑 리스트 같은 사랑	• 친구 같은 사랑과 유희적 사랑이 결합된 형태의 사랑이다. • 자신의 기준에 맞는 상대인지 의식적으로 판단하여 적절한 사람을 찾고, 상대방을 제대로 파악하기 전까지는 헌신이나 미래와 같은 말을 아낀다. • 친구, 부모와 함께 자신의 선택에 대해 상의해서 자신과 가장 어울리는 배우자를 선택하기도 한다.

아가페	• 헌신적인 사랑 • 이타적인 사랑	• 열정적 사랑과 친구 같은 사랑이 결합된 형태의 사랑이다. • 사랑을 책임, 의무라고 인식하기 때문에 상호성을 기대하지 않는다. 따라서 특정한 사람이 아니더라도 조건 없이 베풀고, 돌봐주는 특징이 있다. • 상대방을 돌봄이 필요한 수많은 사람 중 한 명으로 인식하기도 하고, 상대방에게 자신보다 더 나은 사람이 나타나면 상대방을 위해 관계를 포기하기도 한다.

★ 이정은, 최연실, 〈미혼남녀의 심리경향에 따른 사랑의 유형 분석-Jung의 심리유형론과 Lee의 사랑유형론을 중심으로〉, 《대한가정학회지》, 40(3), 2002, 137~153쪽; 한송이, 〈미혼남녀의 사랑유형과 자아존중감, 관계만족도, 신뢰도와의 관계-Lee의 사랑유형이론을 중심으로〉, 명지대학교 사회교육대학원 석사학위논문, 2009.

사랑의 끝은 꼭 결혼이 아니다

사랑은 사계절 내내 언제나 어렵지만, 남쪽에서 시작되는 봄꽃의 활력을 느낄 수 있는 4월은 '나'와 '사랑'을 고민하기 딱 좋은 계절이다. 아직은 꽃샘추위가 기승을 부리지만, 봄의 기운이 만연한 이때는 주변 사람들의 청첩장이 쌓이는 시기이기도 하다. 결혼을 앞둔 커플들은 적당히 날씨가 따뜻하고 봄의 기운이 충만한 5월에 결혼하기를 기대한다. 그래서 보통 결혼식을 치루기 한 달 전인 4월에 청첩장을 주며 결혼 소식을 알린다. 따라서 이 시기에는 연애나 결혼 등 사랑과 관련된 고민을 한번쯤은 하게 된다.

사랑에 대한 나의 가치관 알아보기

특정 시기가 아니더라도 지인들을 만나는 자리에서 1인 가구는 상대방의 진심도 느껴지지 않고, 의미도 없는 의례적인 질문을 받을 수 있다. 특히 청첩장을 전달받는 자리에서는 더욱 그렇다. 친구들이 하나둘 결혼하면 "너는 좋은 소식 없어?"부터 "아직 결혼하기에 늦지 않았어"라는 위로, "주변에 좋은 사람 있는데 소개시켜줄까" 등 원하지 않는 자리를 마련하기도 한다. 한발 더 나아가 "혼자 사는 네가 부럽다", "결혼은 하지 않는 게 좋다"고 말하면서 나도 생각하지 않은 내 미래를 단정 짓는 사람들까지 나타난다. 다른 사람의 축하를 빌어주는 자리에서 원하지 않았던 위로나 걱정, 염려의 눈빛을 받고 나면 이유를 알 수 없는 씁쓸함은 물론, 오히려 반감이나 짜증이 생기기도 한다. 동정을 받아서 기분이 나쁜 것이 아니다. 동경과 부러움의 감정을 전달받아도 마찬가지다. 개인의 인생을 두고 여러 이야기가 전개되는 상황은 그 누구라도 반기지 않을 것이다.

"넌 언제 결혼할거야?"

질문을 받는 당사자는 여러 감정을 느끼기 마련이지만 기억하자! 대부분 질문하는 사람은 당신의 대답이 궁금하지 않다. 그러니 답변하는 데 큰 부담을 느끼지 말자.

현재 '결혼을 하지 않은 상태'라는 사실이 '평생 혼자 살 것' 또는 '사랑을 하지 않겠다'는 선언이 아니다. 사랑과 결혼에 대해 고민하는 단계이든 1인 가구로서의 삶을 결정한 단계이든 확실한 것은 둘 중 어느 하나도 쉽게 선택할 수 있는 문제는 아니라는 것이다. '1인 가구로 사는 것'과 '사랑을 하지 않는 것'이라는 두 개의 명제는 사실 전혀 다른 문제임에도 소수의 사람들은 결혼과 사랑을 동일시하는 경향이 있기 때문에 1인 가구와 사랑을 별개로 생각하기도 한다. 혼자 살기로 결정했으니 사랑이 전혀 필요 없는 듯 인식하는 것이다. 그러나 사랑은 인간의 삶을 유지하기 위한 필수 요소 중 하나다. 사랑의 대상이 사람인지 동물인지, 또는 무엇things인지를 차치하고서라도 1인 가구에게도 사랑을 주고받는 일은 매우 중요하다.

어린 시절에는 누구나 영화나 드라마에 등장하는 주인공들처럼 불꽃같이 정열적인 사랑이나 우연이 겹친 운명적인 사랑을 꿈꾼다. 그러나 성인이 되면서 현실적으로 이런 사랑을 하기는 어렵다. 《손자병법》에는 "지피지기 백전불태知彼知己 百戰不殆"라는 구절이 있다. 적을 알고, 나를 알면 백 번 싸워도 위태롭지 않다는 의미다. 그렇다면 나는 언제쯤 사랑의 힘 앞에서 위태롭지 않고, 안정적일 수 있을까?

일반적으로 많은 사람은 사랑을 감정-정서적으로 이해한다. 반대로 우리는 사랑을 이성적으로 검토해보자. 새로운 사랑을 만나거나 혹은 지금의 사랑을 유지하기 위해 나에게 사랑이란 무엇인지, 사랑에 대한 나의 가치관은 어떠한지, 그동안의 사랑이 무엇 때문에 어려웠는지, 무엇을 준비해야 하는지 차분하게 생각해보자.

사랑의 포지션

사랑에 대한 이성적 탐색에 앞서, 나는 사랑에서 어떤 위치(position)를 차지하는지 탐색해보세요.

예) 누가 사랑 표현에 적극적인가요?

나	51%	49%	상대방

다음 질문을 읽고, 연애할 때 나의 포지션과 가까운 쪽에 표시를 해보세요.

요소		나	50% 기준선 ↓	상대방
표현	누가 사랑 표현에 적극적인가요?			
	평소 대화에 적극적인 사람은 누구인가요?			
	대화가 중단되면 침묵이 불편해 보이는 사람은 누구인가요?			
외모	전반적으로 누구의 매력이 더 크다고 생각하나요?			
	데이트 전 외적인 모습에 신경 쓰는 사람은 누구인가요?			
	데이트할 때 누구의 외모가 더 단정한가요?			
	데이트할 때 꾀죄죄한 옷차림으로 나오는 사람은 누구인가요?			

태도	주로 만나는 장소가 누구와 더 가까웠나요?		
	데이트에서 상대방과의 신체적 거리를 좁히려는 사람은 누구인가요?		
	데이트는 주로 누구의 취향에 맞춰져 있나요?		
	데이트 도중에 휴대폰을 더 많이 보는 사람은 누구인가요?		
행동	약속을 정할 때 좀 더 적극적인 사람은 누구인가요?		
	데이트 약속을 미루거나 취소하는 사람은 주로 누구인가요?		
	평소 SNS 답장 속도가 빠른 사람은 누구인가요?		
경제	데이트 비용의 비율은 어떠했나요?		
	누가 더 상대방을 위한 선물을 많이 했나요?		
	데이트 비용을 위해 필요한 지출을 하지 않은 경험이 있나요?		

우세와 열세 비교를 통해 사랑을 할 때 나의 위치가 어떠한지 생각해보세요.

내가 높은 비율을 차지하고 있는 것은 무엇인가요?

요소	우세	열세
표현		
외모		
태도		
행동		
경제		

나는 어떤 사랑 또는 이성을 바라고 있는지 탐색해보세요.

예) 연인으로서 나는 어떤 사람일까?

로맨틱	51%	49%	뻣뻣

다음 질문을 읽고, 바람직한 사랑이라고 생각하는 문장에 표시해보세요.

요소	50% 기준선 ↓	요소
이성적이다		로맨틱하다
상대와 비슷하다		상대와 다르다
딴 데 신경 쓴다		열중하다
꽁하다		너그럽다
무능하다		능력 있다
외향적이다		내성적이다
냉정하다		다정하다
수준이 비슷하다		수준이 높다
진지하다		유쾌하다
포용적이다		비판적이다
의존적이다		독립적이다
진보적이다		보수적이다
성격이 무난하다		성격이 좋다
이질감		동질감
헌신적이다		헌신적이지 않다
이해심이 부족하다		이해심이 많다

4월

멍하다		똑똑하다
성적으로 보수적이다		성적으로 개방적이다
자상하다		무뚝뚝하다
만족하다		불만족하다
성실하다		불성실하다
몰입-집착하다		자유를 존중하다
합리적이다		비합리적이다
적극적이다		소극적이다
성적으로 만족한다		성적으로 불만족한다
외모가 중요하다		외모는 중요하지 않다
경제적 능력이 있다		경제적 능력이 없다
잘 표현한다		잘 표현하지 않는다
옷을 잘 입는다		옷 스타일이 별로다
급하다		느긋하다

50퍼센트를 넘어가는 요소가 무엇인지 작성해보세요.

위에 선택한 요소 중 절대 포기할 수 없는 항목을 찾아 작성해본 후 중요도에 따라 순위를 매겨보세요.

성격		나를 대하는 태도		경제/능력		외모/성적 매력	
요소	순위	요소	순위	요소	순위	요소	순위

사랑을 이성적으로 탐색하려면 지금까지 나의 사랑 방식을 점검해야 한다. 나는 어떤 사랑을 했는지, 어떤 사랑을 추구하는지 그 생각의 바탕에는 '나'라는 대상이 반드시 존재해야 한다. 사람들은 사랑을 상대방을 향한 희생이나 상대방에 집중하는 것이라고 생각하지만 대부분 성공적인 사랑은 '나'를 잘 드러내면서, 나의 '본질'을 잘 지킬 때 가능하다. 예를 들어 사랑하는 사람 앞에서 나의 꾸미지 않은 편안한 상태를 드러내지 못한다고 가정해보자. 솔직하게 표현하지 못하고 속마음을 감추거나, 100퍼센트 완벽하게 치장된 모습만을 드러내야 한다면 사랑을 꾸준히 지속하기가 어렵다. 사랑하는 대상을 나의 결핍을 메울 수 있는 도구로 활용하는 경우도 마찬가지다. 사랑은 나와 상대방의 동등한 위치를 기본 전제로

해야 하고, 어느 한 사람의 일방적인 희생을 요구하는 관계가 아니어야 한다.

성공적인 사랑은 성숙할 때 찾아온다

가끔 사람들은 나를 드러내거나 본질을 지키는 것을 '내가 가진 나쁜 성격'을 여과 없이 드러내거나 타인에게 자신을 전혀 꾸미지 않고, 있는 그대로의 상태를 내보이는 것으로 오해하기도 한다. 여기서 말하는 나의 본질은 '내가 나로 있기 위해서 없으면 안 되는 것'을 의미한다. 즉, 성격 그대로를 드러내는 것과는 구별된다. 자신의 성격이나 성질을 있는 그대로 드러내는 것은 사회화가 부족한 미성숙한 태도에 가깝다. 따라서 나를 솔직하게 표현할 수 있는 방법을 찾아야 한다.

결국 성공적인 사랑을 이루기 위한 기본 바탕에는 삶의 중심에 타인이 아닌 '나'라는 존재가 자리해야 한다. 한때 유행했던 미국 드라마 〈섹스앤더시티sex and the city〉의 등장인물인 사만다는 "당신을 사랑해, 하지만 나는 나 자신을 더 사랑해I love you, but I love me more"라는 유명한 대사를 남겼다. 상대방을 사랑하는 마음은 진심이지만 누구나 나 자신이 더 소중하기 때문에 로맨틱 영화에 나오는 것처럼 모든 것을 희생하는 사랑은 하기 어렵다.

그렇다면 나는 사랑에 대해 어떤 이미지를 갖고 있는지 생각해 보자.

사랑 소거법

다음은 일반 소거법의 원리를 사랑에 적용한 것입니다. 사랑이 아니라도 중요한 것을 결정할 때 도움이 되는 기법으로, 일상에서 활용해보세요.

■ 사랑 소거법 작성의 예

1단계 자유롭게 쓰기 단계	**이미지 연상하기** 닭다리 간장치킨 치킨샐러드 닭가슴살 닭날개 양념치킨 닭꼬치 순살치킨 닭강정 프라이드치킨
2단계 소거 단계	**10개 중 5개 고르기** 닭다리 간장치킨 치킨샐러드 닭가슴살 닭날개 양념치킨 닭꼬치 순살치킨 닭강정 프라이드치킨 ▼ **5개 중 3개 고르기** 닭다리 간장치킨 치킨샐러드 닭가슴살 닭날개 양념치킨 닭꼬치 순살치킨 닭강정 프라이드치킨
3단계 선택 단계	**3개 중 1개 고르기** 닭다리 간장치킨 치킨샐러드 닭가슴살 닭날개 양념치킨 닭꼬치 순살치킨 닭강정 프라이드치킨

■ **지시에 따라 이미지를 연상한 후, 하나씩 소거해보세요.**

Q. 1단계: '사랑' 하면 떠오르는 이미지 10개를 떠오르는 순서대로 아래의 상자 속에 자유롭게 작성해보세요.

Q. 2단계: 아래에 작성한 10개의 단어 중 최근에 한 사랑과 가장 가까운 단어 5개에 ○ 표시를 해보세요.

Q. 3단계: 아래에 ○ 표시를 한 5개의 단어 중 최근에 한 사랑과 가장 가까운 단어 3개에 △ 표시를 해보세요.

Q. 4단계: 아래에 △ 표시를 한 3개의 단어 중 최근에 한 사랑과 가장 가까운 단어 1개에 ♡ 표시를 해보세요.

Q. 마지막 단어를 선택한 이유를 생각해보세요.

1인 가구의 사랑법

1인 가구의 사랑은 쉽고도 어렵다. 새로운 사랑을 만날 수 있는 기회 자체가 줄어들기 때문에 최근에는 다양한 애플리케이션을 통해 사람을 만나기도 한다. 애플리케이션이나 동호회 등을 통해 사람을 만나는 것은 자연스러운 만남 또는 지인의 소개와 무엇이 다를까? 생각보다 사람을 검증하기에는 허술하고 위험하다는 점이다. '혼자 사는 1인 가구는 최고의 연애대상'이자 '범죄의 피해자'일 수 있다. 따라서 최근에는 혼자 살고 있음을 알리는 것 자체가 위험을 감수해야 하는 일이 되어버렸다. 연인이 집 앞으로 데려다주는 것, 집으로 선물을 보내는 것, 특별한 날 집에서 시간을 보내자고 얘기하는 것, 이 모든 로맨틱한 순간들이 1인 가구에게는 위협으로 다가올 수 있으므로 주의가 필요하다.

위험한 타인을 경계하는 법

1인 가구에게 묻지 말아야 하는 질문들

아래와 유사한 질문들을 최근 만난 연인/이성에게 받아본 적 있는지 생각해보세요.

	질문	있다	없다
1	집 앞에 데려다줄게 / 데리러 갈게		
2	내가 남이야? 집을 알려주는 게 왜 싫어?		
3	선물 보내려고, 집 주소 알려줘		
4	○○날에 집에서 시간 보낼까?		
5	밖에 나가기 귀찮은데, 오늘 집에서 술 한 잔 할까?		
6	내가 집에서 요리(청소/집수리)해줄까?		
7	오늘 추운데(더운데) 집에서 있으면 안 돼?		
8	전(월)세 만기라 잠깐 지낼 곳이 필요한데, 네 집에 가도 돼?		
9	어차피 결혼할 건데, 먼저 같이 살아볼까?		
10	내가 네 집에 가는 게 싫어? 나쁜 사람 취급하는 거야?		

위와 비슷한 질문을 다섯 가지 이상 받아본 경험이 있거나★, 위와 같은 제안을 거절한 후에도 반복적으로 물어본다면, 그 상대방은 위험하다. 일반적으로 건강한 개인은 다른 사람의 영역에 들어

★ 질문 자체가 위험한 것은 아니다. 상대방이 나의 '거절'을 존중하는지, 내가 느낄 '불편한 감정'을 인정하는지가 중요하다.

가려고 노력하지 않는다. 나아가 개인의 사생활에 집착하는 사람은 심리적 경계가 낮아 다른 사람의 피해에 무감각할 가능성이 높다. 따라서 거절을 받아들일 수 있는 성숙한 사람인지, 개인 사생활의 통제권을 인정할 수 있는 사람인지 판단해야 한다.

위의 질문들은 거주지에 초점이 맞춰져 있지만, 휴대폰, 노트북, 패드 등 개인의 사생활을 들여다보고, 개입하는 것에 집착하는 사람들은 집착하지 않는 사람에 비해 위험할 가능성이 높다. 결국 개인의 사생활 정보에 대해 '싫다'는 거절의 의사를 밝혔음에도 반복적으로 사적인 정보를 요구한다면 1인 가구는 오히려 두려움을 느낄 수밖에 없다. 거절의 의사를 밝혔을 때, 상대방이 철수하는지, 철수하지 않는지, 주의 깊게 살펴보자. 철수하는 사람들은 본인의 질문이 무례했음을 확실하게 인식하는 사람들이고, 철수하지 않는 사람들은 본인은 할 수 있는 질문을 했는데, 예민하게 반응한다고 책임을 전가시키거나, 본인을 범죄자 취급 또는 못 믿을 사람이라고 취급했다며 화를 낼 가능성이 높다. 이러한 사람의 특징은 1인 가구에게 결혼을 이야기하거나, 결혼 상대가 될 수 있음을 이야기하면서 본인을 믿을 수 있는 사람으로 인식시키려는 시도를 반복한다. 이러한 태도를 보인다고 해서 모두 위험한 사람은 아니겠지만, 개인의 사적인 영역에 집착하지 않는 사람과 비교했을 때 적어도 60퍼센트 이상은 위험하다.

데이트 폭력의 징조 파악하기

1인 가구가 추구하는 사랑은 '안전'한 사랑이지만 최근 발생하는 뉴스들은 1인 가구의 안전한 사랑에 경고등을 울린다. 가장 안도감을 주어야 하는 사람이 돌변하거나, 가장 안전한 공간이 위험한 곳으로 돌변하기도 한다. 1인 가구는 위험한 순간에 나를 지켜줄 다른 가족이나 누군가가 없기 때문에, 사랑을 단순히 아름답고 환상적인 로맨스로만 바라보기 어렵다. 그렇다면 어떤 사람이 위험한 사람인지 생각해보자.

데이트 폭력 체크리스트

아래의 질문들은 데이트 폭력과 관련된 질문들★입니다. 데이트한 상대방의 행동을 잘 생각해본 후 솔직하게 응답해보세요.

	질문	있다	없다
1	언제나 함께 있는 것을 요구한다.		
2	질투심이 강하다.		
3	이성친구와 교류하는 것을 허락하지 않는다.		
4	빈번한 전화나 문자에 답장을 하지 않으면 화를 낸다.		
5	어디서 무엇을 하는지 일거수일투족을 알고 싶어 한다.		
6	옷이나 머리 모양 등에서 자신의 취향을 요구한다.		
7	감정기복이 심하고 갑자기 화를 낸다.		

8	손을 잡거나 팔짱을 끼거나 항상 만지려고 한다.		
9	내가 의견을 말하거나 주장하는 것을 싫어한다.		
10	나의 가족을 비하하거나 욕을 한다.		
11	교제 상대를 자신의 소유물로 생각한다.		
12	콘돔이나 피임용품 사용을 꺼린다.		
13	헤어지자고 하면 자살한다(또는 죽이겠다)고 위협한다.		
14	중요한 판단을 나에게 맡기고 '너 하기 나름이다'라고 한다.		
15	데이트 내용을 전부 상대방이 결정한다.		

위의 질문 중에서
3개 이상 해당될 경우: 데이트 폭력(통제)에 노출될 가능성 높음
5개 이상 해당될 경우: 이미 데이트 폭력(통제)에 노출되어 있음
10개 이상 해당될 경우: 데이트 폭력(통제)에 만성화되어 있으며, 물리적 폭력으로 확대될 가능성 높음

■ **데이트폭력 가해자의 특징**

1. 상대방을 인격체로 인식하지 못함
2. 상대방을 소유하려고 함
3. 상대방의 주변사람이나 가족을 우회적을 비난하여, 고립시키려고 함
4. 상대방이 무능하거나, 보호가 필요하기 때문에, 보호하는 것이라고 주장함
5. 상대방의 행동이 폭력을 부추기는 것이라고 책임을 미룸

★ 법무부 블로그, 〈데이트폭력 체크리스트와 해결법〉, 2008년 2월 2일 게시글(https://mojjustice.tistory.com/8708383).

데이트 폭력의 가능성이 있다면 상대방과 점차 거리를 두고, 결국 그 사람과 헤어져야 한다. 그러나 데이트 폭력 가해자들은 상대방이 자신의 통제에서 벗어나려고 하면 더 폭력적으로 대응할 가능성이 높기 때문에 신중하게 벗어나는 방법을 찾아야 한다. 가장 효과적인 해결 방법은 첫째, 주변 사람에게 도움을 요청하는 것이고, 둘째, 112 혹은 1366으로 신고하는 것이다. 성별을 막론하고 데이트 폭력을 저지르는 사람은 절대 좋은 사람이 아니라는 걸 기억하자. 사랑으로 그 사람을 변화시킬 가능성은 매우 낮다.

만약 혼자 살고 있는 나의 집에 데이트 상대가 방문할 가능성이 높다면, 거주지 안전에 더 많은 신경을 써야 한다. 거주지를 안전하게 보호할 수 있는 스마트 초인종, 현관문 이중잠금장치, 휴대용 긴급벨 등 다양한 호신용품이 출시되어 있으니, 이 물품을 구비해서 미리 대비해보자.

5월

커플만큼 축복받고 싶은 혼자의 삶

비혼식과 장례식

나는 비혼식이 필요해

5월은 '가정의 달'이다. 어린이날, 어버이날, 스승의 날 등 온갖 기념일이 모여 있어 주머니가 궁핍해지기 쉬운 계절이기도 하다. 유독 가족과 관련된 모임이 많은 계절인 만큼 청첩장을 비롯한 온갖 초대장과 약속 또한 쌓인다. 특히 매주 주말은 가족 모임뿐 아니라 결혼식, 돌잔치 등 나와는 관계없을 것 같은 행사에 동원되기도 한다.

SNS로 전달되는 숱한 초대장들을 보면 생각이 많아진다. 참석을 해야 하나 말아야 하나 난감하면서 동시에 지금까지 내가 축의(하)금으로 전달한 수많은 마음을 회수할 수 있을지 싶다. "퇴직하기 전에 결혼해서 지금까지 뿌린 축의금을 회수해야 한다"고 재촉하는 부모님을 보면, 결혼은 축의금을 회수하는 수단이자 원금을 보전할 적절한 타이밍을 보는 눈치게임이 아닐까 하는 생각이 자연스럽게 스친다. '축의금'은 사회생활의 하나이고, 언젠가 돌려 받을 '품앗이'라는 말을 수없이 들었지만, 과연 내가 결혼식에서 냈던 축의금도 품앗이일까?

그렇게 꼬리에 꼬리를 물고 현실적으로 생각하다보면 '비혼식'이 필요하다는 결론에 이른다.

비혼식을 해야 하는 이유

머릿속 상상의 노트를 펼쳐서 왜 비혼식이 필요한지 하나씩 정리해보자.

첫째, 어차피 결혼할 생각이 없다. 둘째, 결혼할 생각이 있다한들 언제일지 기약하기 어렵다. 셋째, 결혼이 더 늦어지면 그동안 뿌렸던 축의금을 회수할 수 없다. 결혼'식'을 하지 않으면, 축하한다는 말로 때우는 사람들이 있다. 노련한 사람은 실질적으로 축하의 마음을 말로 표현하는 것보다 '돈'으로 표현하는 것이 상대방에게 더 큰 기쁨을 준다는 사실을 안다. 늦게 결혼해도 축의금 회수가 어려운 건 마찬가지다. 결혼식 때 내가 축의금을 내고 축하해줬던 사람들 중 이사나 퇴사 등으로 연락이 뜸해져 초대하기 애매한 관계가 되거나, 직장과 아이 또는 시가와 처가 등 다양한 핑계를 대며 결혼식에 참석하지 않는 사람들도 허다하다.

굳이 축의금을 회수할 목적이 아니더라도 혼자의 삶을 선택하기로 결정한 지금, '비혼의 삶'을 다른 사람들에게 알리는 일은 필요하다.

비혼식이 필요하다는 결론에 도달했지만 그 실천은 생각보다 쉽지 않다. 아직 우리 사회에서는 낯선 문화인만큼 비혼식을 한다면 '유난 떤다는 얘기를 하면서 욕하거나 비웃지 않을까?'라는 부정적인 생각부터, 비혼식은 어떻게 하는 것인지 또는 어떻게 해야 하는지 현실적인 문제에 대한 생각 등, 비혼식은 자연스럽게 잠깐의 상상으로 끝난다. 한번쯤 누군가 '비혼식을 했다더라'라는 소문을 듣거나 뉴스나 인터넷 커뮤니티에서 어떤 사람들이 비혼식을 했다는 말은 들어봤지만, 내 주변에서는 아무도 없기에 '굳이 비혼식을 치른 시초'가 되고 싶은 마음도 없다. 결국 비혼식을 진행할 용기가 나지 않는다.

그럼에도 용기를 한번 내보자. 요즘에는 베이비 샤워**baby shower**를 넘어 브라이덜 샤워**bridal shower**도 하는 마당에, 비혼식이라고 못할 이유가 있는가!

비혼식을 치르는 최소한의 계획

우리나라 전체 인구 중 1인 가구 비율이 2인 가구나 4인 가구의 비율을 넘어선 지 오래지만, 여전히 비혼식은 낯설다. 준비하는 사람도 정해진 절차나 알려진 정보가 없다보니 아직은 난감한 이벤트다. 비혼식을 한다는 사람도, 참석했다는 사람도 드물어 어떤 느낌인지 묘사하기도 모호하다.

아무리 '비혼의 삶'을 선언하는 비혼식이라지만 그동안 뿌렸던 축의금을 회수하기 위한 이벤트로 치부당하는 것도 억울하다. 결혼하는 지인들에게 진심으로 축하하면서 축의금을 냈는데, 정작 자신의 이벤트는 고작 그동안 뿌린 축의금을 회수하는 목적이라고 오해한다면 그건 말이 안 된다.

그렇다면 자신의 비혼식을 진심으로 축하해줄 사람이 누구인지 생각해보고, 비혼식을 계획하자. 자신만의 통과의례, 그것도 현대적으로 바꾸는 통과의례인 만큼 신중히 절차와 순서를 생각해야 한다.

여기까지 마음의 준비가 되었다면, 이제 본격적인 비혼식을 준비해보자. 의외로 해야 할 일이 많다. 결혼식을 준비하는 사람들이 괜히 몇 달의 시간을 투자하는 게 아니다. 본인의 비혼식인 만큼 제대로 한번 일을 내보자. 물론 결혼식과 비교하면서 비혼식의 모든 절차를 전부 준비할 필요는 없다. 필수 요소만이라도 정해서 실천해보자.

가족과 지인에게 비혼식 알리기

먼저 가족이나 지인들에게 비혼식에 대한 계획을 자연스럽게 알려야 한다. 비혼식은 혼자의 삶을 선택한다는 선언이지만, 너무 갑작스럽게 비혼식을 개최하고 초대하는 행동은 오히려 주변 사람들에게 반감을 살 수 있다. 지인들과의 모임 자리에서 자연스럽게 비혼식을 주제로 대화를 해보자. 한발 더 나아가 '비혼식을 하고 싶다'는 의사를 표현하는 것으로 비혼식의 가능성을 알려보자. 사람들이 결혼식을 준비하기 전에 결혼 계획이나 시기를 언급하는 것과 같은 맥락이다.

비혼식을 위한 마음 준비

다양한 모임에서 비혼식에 대한 이야기를 했을 때, 주변인들은 어떻게 반응할지 생각해보세요.

가족	가족들의 예상 반응은?	아버지	
		어머니	
		형제자매	
	비혼식에 초대했을 때, 참석할 사람은?		
친구/ 지인	친구들의 예상 반응은?		
	비혼식에 초대했을 때, 참석할 사람은?		
직장 동료	직장 동료의 예상 반응은?		
	비혼식에 초대했을 때, 참석할 사람은?		

다음은 비혼식 계획에 대한 자신의 생각을 구체적으로 정리해야 한다. 식당을 빌려 피로연을 할 것인지, 조용히 문자나 메신저로 비혼식을 알리는 데 그칠 것인지 등 나의 취향이 무엇인지 정리해보는 것이다. 실제 예식장을 대여할 수도 있겠지만 대부분의 비혼식은 작은 펍pub이나 식당을 빌려 진행하는 경우가 많다. 이때 비혼식에 어떤 사람을 초대할 것인지 현실적으로 고민해야 한다. 결혼식

과 마찬가지로 가족과 지인들을 모두 한자리에 불러 모아 비혼식을 진행할지, 가족을 제외한 친구들만 불러서 진행할지를 말이다.

그다음, 비혼식을 기념하는 사진 촬영을 준비한다. 무슨 사진 촬영까지 하냐며 유난스럽다고 생각할지 모르지만 실제로 비혼식을 의식처럼 치르는 사람들은, 비혼 기념 촬영을 생각보다 많이 한다. 드레스를 빌려 입기도 하고, 편안한 옷차림, 멋있는 정장 등 의복을 갖춰 입는다. 그러고는 혼자 또는 친구들이나 반려동물과 함께 사진을 촬영하는 것으로 비혼식을 기념하는 사람들이 의외로 많다. 비혼식과 바디프로필**body profile**을 함께 준비하는 경우도 있다. 이처럼 기념 사진 촬영은 인생의 새 막을 여는 것을 자축하는 의미이므로, 그 형식은 자유롭게 정하는 것이 좋다.

비혼식 당일에는 비혼 선언서를 낭독하면서, 혼자의 삶을 선언한다. 자신을 아끼고 사랑하면서 살아갈 1인 가구로서의 삶을 선포한다. 비혼 선언서에 포함되지는 않지만 하객들에게 앞으로 결혼하게 될 경우, 결혼식 축의금은 받지 않겠다는 내용을 언급해도 좋다. 나아가 비혼의 삶을 선택했는데도, 앞으로의 결혼 계획을 언급하거나 혼자의 삶이 외롭거나 힘들 거라고 단정하여 위로하지 말라고 당부하는 것도 좋다.

마지막으로 답례품을 준비한다. 답례품은 비혼식에 참석하거나 축하의 의미로 축의금을 보낸 사람들에게 예의를 갖추는 차원이지만, 그 속에는 본인의 비혼식을 농담이나 가십으로 여기지 않고 진지하게 받아들인 사람들에게 감사한 마음이 더 크다. 사실 비혼식을 한다고 알리고, 축의금을 받을 계좌번호를 보내더라도 우습게 생각하거나 장난으로 치부하는 사람이 더 많은 것이 작금의 현실이다. 그 와중에 진심으로 축하한 사람들이니, 얼마나 소중한 인연인가? 그들에게 보내는 답례품을 아깝게 생각하지 말자. 거창한 선물을 보내기보다는 모바일로 된 커피 쿠폰과 함께 진심을 담아 "나의 비혼식을 진지하게 받아줘서 고맙다"라고 메시지를 보내는 정도로도 충분하다.

그렇다면 반대로, 본인의 비혼식을 우습거나 또는 유난스럽게, 가십으로 치부하는 사람들은 어떨까? 그들과는 조심스럽게 인연의 단절을 고민해보는 것도 필요하다. 일반적으로 하지 않는 행사를 결심하기까지 내가 쏟아부은 고민과 정성, 갈등을 인정하지 않기에 그런 가벼운 태도를 보이는 것이다.

쉽지 않은 결심을 하고 여기까지 의식의 흐름대로 따라왔다면, 이제는 현실적인 부분을 생각해보자. 유명한 연예인이나 인플루언서처럼 콘텐츠를 소득으로 전환시킬 수 있는 사람이 아닌, 그저 보통의 사람은 비혼식을 치루기 쉽지 않다. 그럼에도 비혼식을 해보겠다고 진지하게 생각하고 결심했다면 1인 가구로서의 삶을 선언하고, 나아가 비혼식을 하겠다고 선언하자. 다음 우리의 모임은 "나

비혼식 체크리스트

다음은 비혼식에 대한 마음을 알아보는 체크리스트입니다. '할 수 있다'면 'yes', '망설여진다'면 'no'에 체크해보세요.

	질문	yes	no
1	비혼식을 하고 싶다.		
2	비혼식을 할 것임을 술자리나 모임에서 자연스럽게 언급할 수 있다.		
3	부모님이나 가족, 친인척에게 비혼식에 대한 이야기를 할 수 있다.		
4	모임별로 비혼식을 따로 하더라도, 비혼식에 초대할 사람이 10명 이상이다.		
5	초대한 사람의 절반은 참석할 것이라는 확신이 있다.		
6	비혼식 기념 여행을 갈 수 있다.		
7	비혼식을 기념하는 촬영을 할 수 있다.		
8	식장이나 식당을 빌려 큰 행사로 치룰 수 있다.		
9	내 비혼식에 사회나 축사를 해줄 사람이 있다.		
10	비혼 축의금을 받고 싶다.		
11	비혼 선언문을 작성하고, 선언할 수 있다.		
12	비혼식에 대한 뒷말이 나오더라도 견딜 수 있다.		

yes가 10~12개인 경우: 당장 비혼식을 준비합시다!
yes가 7~9개인 경우: 천천히 비혼식에 대한 준비를 해보는 것은 어떨까요?
yes가 6개 이하인 경우: 비혼식은 내 마음속에 남겨두기로 해요.

의 비혼을 축하하는 자리이며, 그때는 예쁜 봉투에 두둑한 축의금을 준비하라"고 이야기해보자.

그러나 비혼식은 공상이 아닌 현실의 영역이다. 실제 비혼식을 진행한 사람들의 이야기를 들어보면, 초대장을 보낸 사람에 비해 참석한 사람의 비율이 훨씬 적었다고 이야기한다. 50명에게 초대장을 보냈으나 절반도 안 되는 사람만 참석했다는 것이다. 불참한 사람들은 진짜 '비혼식을 할 줄 몰라서 참석을 안 했다', 불참한 본인이 왜 민망한지 모르겠지만 '민망해서 참석을 안 했다', 비혼식을 하면 '정말 혼자 살 것 같아서 염려하는 마음에 참석하지 않았다' 등 저마다 이유가 있다. 많은 사람이 결혼식을 기준으로 인맥이 정리된다고 하는데, 이는 비혼식도 마찬가지다. 그렇게 정리될 인연은 비혼식이 아니더라도 언젠가는 정리될 인연이다. 미련을 갖지 말자.

인터넷 커뮤니티에서 "비혼식을 한다는 친구에게 축의금을 줘야 하는가"와 같은 글이 화제가 된 적이 있다. 비혼식 축의금에 대한 글과 비교되면서 회자되었던 글은 "반려견 장례식에서의 조의금"에 관한 글이었다. 그만큼 우리 사회에서 비혼식이 일반적이지 않다는 의미이면서 비혼식 자체가 조롱의 대상이 될 수 있다는 의미이기도 하다. 결국 사람들은 비혼식의 의미를 '혼자의 삶과 홀로서기'를 격려하는 의미보다 지난 세월 뿌렸던 축의금을 회수하는 용도로밖에 생각하지 않는다는 것, 나아가 유난스러운 행동으로 인식한다는 반증이다.

이때는 '어쩌라고?'의 자세를 가져야 한다. 친구나 지인, 직장 동료의 결혼을 건성이든 진심이든 축하해줬다면, 나의 비혼식도 존중받아야 한다. 축의금을 회수하는 용도로 치부되는 것이 싫다고 한들 어차피 대부분의 사람들은 그렇게 생각할 것이다. 그러니 뿌렸던 돈을 회수하자는 실용적인 마음가짐을 가져보는 것도 좋다.

비혼식은 유난스럽지 않다

'비혼식'이라는 단어는 최근 1인 가구의 증가와 맞물려 시작된 것이 아니라 좀 더 오랜 역사를 가지고 있다. 2006년 한 여성단체로부터 시작된 비혼식은 개인의 정체성과 가치관을 바탕으로 행복을 추구할 권리, 즉 원하는 대로 삶을 살아갈 수 있는 자유와 권리가 있음을 선언하는 행동이다. 여성단체로부터 시작되었으나 현재는 여성뿐 아니라 남성도 비혼식에 대한 관심이 높다. 이처럼 비혼식은 유난스러운 사람만 하는 특별한 행사가 아니다.

다양한 삶의 방식을 인정하는 사회 분위기가 형성된 탓인지 비혼식에 대한 인식도 달라지고 있다. 그 증거로 비혼을 선언한 사람들을 금전적으로 지원하는 기업도 늘어나고 있다. 물론 대기업을

■ **비혼식에 대한 생각**★

	20대	30~35세	35세 이상
이해가 된다	**83.9**	76.4	75.9
이해가 안된다	**16.1**	23.6	24.1

단위: %

중심으로 변화가 나타나기 때문에 비혼지원금이나 경조휴가와 같은 복지는 대기업을 다녀야만 받을 수 있는 혜택이긴 하다. 우리는 비혼식에 대한 사회 변화가 사람뿐 아니라 기업을 통해서도 감지되고 있음을 기억하자. 비혼식은 조만간 당연한 일로 여겨질 수 있음을 암시하는 사례다.

만약 비혼식을 주제로 이야기를 나눌 때 비혼식에 대해 회의적인 태도를 보이는 사람이 있다면, 상처받지 말고 "이 사람은 사회의 변화에 자신의 인식이 따라가지 못하는 사람이구나" 하고 생각해 보자.

★ 롯데멤버스 리서치 플랫폼 라임, 〈#결혼식말고#비혼식〉, 2020년 3월 6일 게시글(https://www.lime-in.co.kr/app/mob/news/RONB100200.do?stdt=20200306&bultSeq=10640&seq=2)

■ **비혼식을 하고 싶은 이유**★

남성		여성
52.1	결혼 압박 벗어나기	38.7
25.4	즐거운 추억 쌓기	**28.8**
15.5	축의금 회수	**21.6**

단위: %

'비혼식을 한번 해볼까?'라는 생각이 머릿속을 스치지만 용기가 나지 않는 것도 자연스러운 일이다. 부부도 결혼식을 하지 않는 마당에 비혼식이라니……. 엄두가 나지 않는다. 꼭 비혼식의 방식이 아니더라도 기념 촬영, 기념 모임, 기념 여행 등 '혼자 사는 삶'을 선택했다고 선언할 수 있는 방법은 무수히 많다. 본인에게 맞는 방식이 무엇인지를 깊게 고민해보자.

비혼식을 거행한 사람들의 말을 들어보면 '의외로 돈이 많이 들고', '걱정했던 것보다 사람들의 반응이 좋았고', '생각보다 마음이 편해졌고', '혼자서도 잘 살 수 있겠다는 용기가 생겼다'로 정리된다. 비혼식에 참석한 사람들의 말을 들어봐도 '의미 있는 행사라는

★ 롯데멤버스 리서치 플랫폼 라임, <#결혼식말고#비혼식>, 2020년 3월 6일 게시글(https://www.lime-in.co.kr/app/mob/news/RONB100200.do?stdt=20200306&bultSeq=10640&seq=2)

생각이 들었고', '받았던 축의금을 돌려줄 수 있어서 마음이 편했고', '시대를 앞서가는 사람처럼 느껴졌다'고 한다. 이처럼 비혼식을 한 사람도, 참석한 사람도 모두 만족스러웠다고 평가했다. 그러므로 두려워할 것도, 걱정할 것도 없이, 자신의 개성대로 추진해도 좋다. 이제 곧 SNS에서 #비혼식, #비혼식 하객룩, #비혼식 여행 등의 해시태그가 유행할지도 모른다.

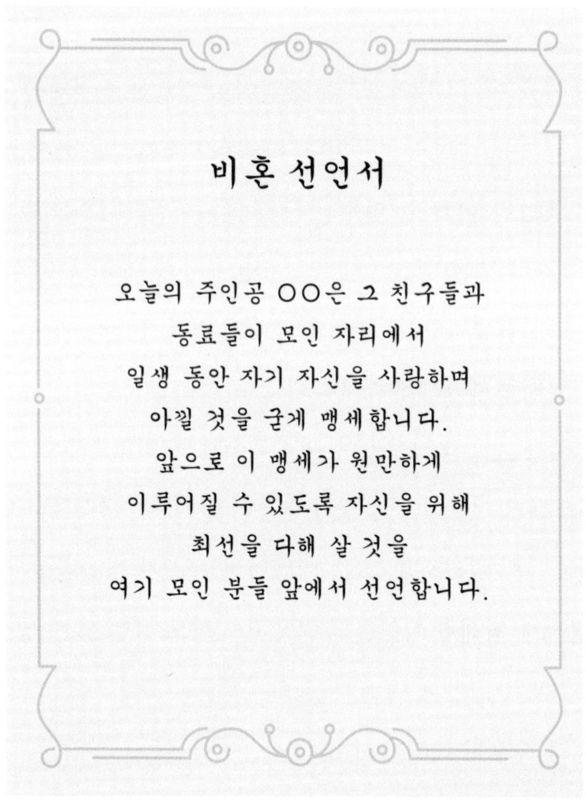

비혼 선언서

오늘의 주인공 OO은 그 친구들과
동료들이 모인 자리에서
일생 동안 자기 자신을 사랑하며
아낄 것을 굳게 맹세합니다.
앞으로 이 맹세가 원만하게
이루어질 수 있도록 자신을 위해
최선을 다해 살 것을
여기 모인 분들 앞에서 선언합니다.

한 번뿐인 인생에 남은 의례가 장례라면

비혼식이 끝나고 나면 시원섭섭한 마음이 공존한다. 혼자인 삶은 지금과 다를 바 없지만 어쩐지 마음가짐이 달라진다. 앞으로 나는 어떻게 될지 미래를 생각하면서 부모님과 자신의 노후에 대한 생각으로 연결된다. 비혼식을 통해 1인 가구의 삶을 선택한 자신에게 남은 의식들은 무엇이 있고, 어떻게 준비하면 될까?

인생의 수많은 의례 중에 '모든 사람'이 '반드시' 경험할 수밖에 없는 것이 바로 장례다. 실제로 최근 부모의 환갑이나 칠순 등을 기념하는 잔치를 열지 않는 것을 고려해보면 1인 가구에게 남은 의례 역시 장례다. 형제자매가 있다면 부모님의 장례는 조금 수월할 수 있으나 외동 자녀일 경우 부모님의 장례를 비롯해 1인 가구 당사자인 '나'의 장례도 준비해야 한다.

과거 친인척들과의 교류가 빈번한 시절에는 가족 중 어른들이 장례를 주도했기 때문에 청년들의 역할은 상대적으로 미미했다. 지금 자신의 휴대전화에 등록된 전화번호를 살펴보자. 연락하는 친인척이 있는가? 아마도 3~40대 중 친인척들과 빈번하게 상호작용하는 사람은 드물 것이다. 결국 다가올 모든 장례는 본인이 미리 준비해야 한다.

부모님의 사망 이후, 무슨 준비를 해야 할까

몇 년 전 40대 중반의 1인 가구가 갑작스럽게 부친상을 당한 적이 있다. 상조회사의 도움으로 장례를 시작하고, 부고문자를 전송하는 등 수월하게 장례 절차가 진행되는 듯했으나 예상치 못한 문제들을 마주했다. 언뜻 생각하면 장례비 등 비용 문제라고 생각하겠지만 1인 가구가 경험하는 문제들은 바로 상주를 누가 하느냐부터 운구는 누가 하느냐까지 사람이 직접 처리해야 하는 것들이었다.

불과 몇 년 전만 하더라도 외동 자녀가 여성일 경우, 즉 딸일 경우에 상주喪主는 자녀의 배우자, 즉 사위였다. 딸인 내가 내 부모의 장례에서 유족의 대표인 상주 역할을 못 한다니 말이 안 된다고 생각하겠지만, 몇 년 전 만해도 딸은 부모의 장례에서 상주를 못 하는 경우가 많았다. 딸인 나를 제치고 얼굴도 잘 모르는 먼 남자사촌이나 아주 어린 남자아이가 장손이라는 이유로 내 부모의 장례에서 상주 역할을 하는 게 흔한 시절이었다. 결국 외동 자녀의 성별이 남성인 경우는 문제가 되지 않지만, 여성인 경우는 여러 난관이 존재했음을 의미한다. 최근에는 분위기가 많이 바뀌어서 딸도 상주를 한다. 나이 많은 집안 어른들은 딸은 상주를 못 한다고 말하기도 하지만, 그런 주변의 말은 가볍게 넘어가면 된다. 그러나 외동에 친인척도 없어 상두꾼★이 없는 것도 문제였다. 예전에는 친인척이나 고인의 지인들이 상두꾼을 하는 것이 일반적이었으나 요즘처럼 인구는 고령화되고, 핵가족 구조, 소가족화되는 시대에는 상두꾼을 선정하는 것이 생각보다 쉽지 않은 일이 되어버렸다. 물론 상조회사에서 상두꾼을 소개하기도 하지만, 아무래도 가족의 마지막 길은 마음을 나눈 사람들이 해주었으면 하는 바람이 있다. 주변 지인들에게 연락해서 문제를 해결했지만, 그 과정을 지켜보면서 사소한 것도 꼼꼼하게 준비해야 한다는 것을 깨달았다.

같은 주제로 사람들과 대화를 해봐도 장례 절차를 아는 사람은 드물다. 의례적으로 "상조회사나 장례식장에서 해주는 거 아냐?"라는 답변이 돌아올 뿐이다. 그렇다면 상조회사는 가입이 필요할까?

★ 사람이 죽어 장례를 치를 때 상여를 메는 사람을 가리키는 민속 용어. 같은 말로 상여꾼, 향도꾼이 있다.

상조회사에 대한 필요성은 개인의 가치관에 따라 다르겠지만 가입하지 않았다고 해서 장례가 불가능한 것은 아니니 너무 걱정하지 않아도 된다. 그렇지만 내가 무엇을 준비해야 하는지는 미리 알아두는 게 좋다.

먼저 부모님께 전화를 걸어 상조회사 가입 여부를 확인해보자. 실제 나의 지인 중 한 사람은 가입한 상조회사가 폐업해서 그때까지 납부한 돈을 한 푼도 받을 수 없었고, 모든 장례 절차는 장례식장에서 해결해야 했다.

부모님께 상조에 관해 질문하기란 어렵다. 서로 어색해지지 않게 부모님과 함께한 자리에서 텔레비전에 상조광고나 보험광고가 나올 때 자연스럽게 질문하는 것을 추천한다. 자칫 “내가 죽길 기다리냐?”라는 오해를 받을 수 있기 때문에 정서적으로 차분히 접근하면 어떨까. 그다음, 가족 중 어른들의 연락처나 부모님과 가까운 지인들의 연락처를 미리 받아 저장해두자.*

두 번째로 어려운 작업은 사망진단서(사망확인서/ 검안서/ 검시필증) 발급이다. 진단서야 병원에서 받으면 되는 거라고 쉽게 생각할 수 있으나 사망한 위치에 따라 발급 난이도가 달라진다. 병원에서 사망하는 것이라면 문제가 되지 않겠지만, 집이나 제3의 위치에서

★ 상조회사나 장례식장에서 고인의 휴대전화에 저장된 연락처로 부고문자를 전송하니 걱정하지 않아도 된다.

사망한 경우에는 문제가 될 수 있다. 특히 사망진단서의 사인死因이 '미상'으로 기재되면 산재나 보험 처리에 어려움이 발생할 가능성이 높다. 이 경우 마음은 불편하겠지만 부검을 해야 할 수도 있다.

사망진단서와 함께 필요한 것은 영정사진이다. 1인 가구이면서 핵가족일 경우, 부모님의 장례 절차를 도울 사람의 일손 또한 부족하다. 부모님이 사망한 다음 슬픔을 제대로 토해내지도 못하는 상황에서 사진첩을 뒤져 영정사진을 골라야 한다. 그뿐 아니라 매장이나 화장을 할 경우, 사망진단서도 챙겨야 한다. 사망진단서는 한 통이 아니라 열 통 이상★ 받아두는 것이 좋다. 장례 절차를 따라야 하는 가족들은 슬퍼할 시간 없이 바쁘다.

★ 일반적으로 사망진단서는 다음과 같이 쓰인다. 물론 사망진단서를 발급해주었던 기관에 방문하면 재발급도 가능하다.

- ·입관이나 발인 등 장례식 진행에 필요한 용도 1통
- ·사망신고를 위한 용도 1통
- ·화장인 경우, 장제(화장)장에 제출할 용도 1통
- ·매장인 경우, 장지를 관할하는 읍, 면, 동사무소에 제출할 용도 1통
- ·연금이나 보험청구 용도 1통
- ·학교나 회사 등에 사망을 증빙할 용도 1통
- ·상속 등 재산의 처리, 명의변경 등의 용도 1통

미리 생각해보는 상·장례 절차

내용	yes	no
■ 사전에 생각해야 할 것		
상조회사에 가입되어 있는가?		
친인척, 지인 등 누구에게 연락을 돌려야 하는가?		
친인척 등 가족 어른들의 연락처는 알고 있는가?		
조의금 분할 및 전체 장례비용 처리는 어떻게 할 것인가?		
■ 당일에 생각해야 할 것		
사망진단서(시체검안서, 검시필증) 발급은 받았는가? * 장소에 따른 처리 병원 → 정확한 사인이 적힌 사망진단서 발급 집 또는 제3의 장소 → 필요 시 부검 → 정확한 사인이 적힌 사망진단서 발급		
빈소는 어디로 할 것인지 결정했는가? * 사망진단을 위해 병원으로 이송하면 일반적으로 그 병원 장례식장에서 장례를 치르게 된다. 만약 사망진단이 이루어진 병원이 멀다면, 자택 인근 장례식장에 연락하면 된다.		
영정사진으로 쓸 만한 사진이 있는가?		
(빈소가 결정된 후) 전화나 문자를 통해 부고를 알렸는가? * 상조회사에서 단체 문자 알림 서비스를 제공하기도 하며, 부고 알림은 2일 차에 진행해도 되나 이왕이면 당일에 하는 것이 좋다. 직계가족이나 친인척 어른에게는 전화로 직접 알리는 것이 좋다.		

<table>
<tr><td>장사(장례) 방법은 선택했는가?
* 방법에 따른 처리
매장할 것인가? → 운구차 예약 → 장지이동
화장할 것인가? → 운구차 예약 → 화장장 및 납골당 예약</td><td></td><td></td></tr>
<tr><td>운구할 사람은 있는가? (최소 4명)</td><td></td><td></td></tr>
<tr><td colspan="3">■ 장례 절차 중 또는 장례 후에 생각해야 할 것</td></tr>
<tr><td>장례비용 등을 처리할 현금을 준비했는가?
* 현금보다 신용카드를 많이 사용하는 시대가 되었지만, 장례를 치르는 동안에 의외로 현금을 사용할 일이 많다.</td><td></td><td></td></tr>
<tr><td>사망신고는 했는가?
* 사망한 날로부터 1개월 이내 관할 주소지(시, 군, 구, 읍·면사무소)</td><td></td><td></td></tr>
<tr><td>금융거래 조회, 보험금 처리와 같은 행정 처리는 했는가?</td><td></td><td></td></tr>
<tr><td>상속과 관련한 행정 처리는 했는가?
* 부채 상속을 원하지 않는 경우, 상속개시가 있음을 알게 된 날로부터 3개월 이내 상속포기 심판청구를 해야 한다.</td><td></td><td></td></tr>
<tr><td>주택, 자동차 등 소유권 이전과 관련한 행정 처리는 했는가?</td><td></td><td></td></tr>
<tr><td>유품은 정리했는가?</td><td></td><td></td></tr>
</table>

마음 가는 대로 살아도 짧은 인생

마음대로 하고 싶지만, 마음대로 할 수 없는 것이 바로 '예식禮式'인 듯하다. 비혼식, 장례식 등 인생의 다양한 의례들을 떠올리면 마음이 무겁다. 괜스레 지금껏 잘 살아왔는지 돌아보게 되고, 부모님의 장례를 떠올리면 마음이 슬프기도 하다.

1인 가구는 부모님의 장례에도 충분히 슬퍼하고 애도할 시간이 없다. 아마도 부모님의 장례식장은 1인 가구가 마지막으로 '가부장제 안에서의 정상가족'인지 아닌지를 냉정하게 평가 받는 자리가 될 가능성이 높다. 실제로 부모님의 장례를 치른 1인 가구는 "이래서 아들이 있어야 해"라는 성차별적인 말을 들었고, 이미 중년을 바라보는 1인 가구임에도 비혼이라는 이유로 "아직 어린, 철이 덜 든 아이" 취급을 받는 경우도 있다. 그뿐 아니라 또 다른 1인 가구는 부모님이 돌아가셨을 때 결혼한 다른 형제자매와 달리 본인 이름만 적힌 부고 문자와 장례식장의 전광판을 보고 외롭다는 느낌을 받았다고 한다. 슬픔을 나눌 누군가가 없다는 것, 도와줄 수 있는 가족이 없는 1인 가구라는 현실이 몸으로 느껴지는 순간이었다고 회상했다. 위로인 듯 아닌 듯, 친밀한 듯 아닌 듯, 언어적-정서적 폭력이 난무하는 자리가 될 수 있음을 알고 있어야 한다.

마음을 차분하게 하고 생각을 전환해보자. 세월이 변했듯 사람들의 의식도 많이 변했다. 시대가 변하면서 가장 많이 언급되는 사람들이 바로 결혼하지 않은, 결혼을 선택하지 않은 1인 가구다. 지금까지 많은 편견과 참견을 받아왔지만 인생의 중요한 결정은 결국 스스로의 몫이다. 1인 가구가 생각해야 할 문제는 과거로부터 이어져온 의례와의 싸움이 아니라 앞으로 어떠한 삶의 방향을 잡고 살아갈지 정하는 것이다.

비혼식을 했다고 사람들의 입방아에 오르내린들 무슨 상관인가? 어차피 남은 의례는 장례식밖에 없는데, 비혼식을 하지 못할 이유가 무엇인가? 지금까지 혼자서도 잘 살아왔고, 자신에게 닥친 시련도 잘 극복할 것이다. 많은 사람과 다른 선택을 했더라도 그선택은 존중받아야 한다. 마음 가는 대로 살아도 청춘은 언제나 짧다.

6월

혼자 살수록 더욱 철저하게 관리하기

돈

통장 잔고와 행복의 상관관계

결혼식, 기념일들이 모여 있어 돈 나갈 곳이 많은 5월이 지나고 드디어 6월이 왔다. 슬슬 여름휴가 계획을 세워야 하는데, 그 비용도 만만치 않아 돈 문제로 골치 아프기 십상이다. 항공권도 알아보고, 해외에 있는 유명한 호텔과 여행지를 둘러보지만 생각보다 비싼 가격에 놀라며 해외여행은 포기하게 된다. 국내여행으로 눈을 돌려봐도 휴가철은 모두 성수기라서 가격이 만만치 않다. '이 가격이면 그냥 해외로 갈까? 카드 할부로 결제하고 1년 내내 갚을까?'라는 생각이 머리를 스친다.

대체 다른 사람들은 돈 관리를 어떻게 하길래 휴가 때마다 국내여행, 해외여행, 호캉스를 다니는 것일까? 자신만 모르고, 다른 사람들은 모두 알고 있는 특별한 재테크 방법이 있는 걸까?

친구들을 만나도 요즘은 다들 재테크 얘기만 한다. 누구는 어디에 아파트를 샀다고 하고, 누구는 아파트 청약에 당첨되었다고 하고, 누구는 주식이 몇 퍼센트 올라 재미를 봤다고 한다. 주식이나 코인 투자라도 하지 않으면 왠지 시대에 뒤떨어진 것 같아 투자 열풍에 편승해본다. 대체 투자로 돈을 번 사람이 있기는 한 것일까? 친구의 친구는 돈을 벌었다고 하는데, 정작 자신이 투자한 종목은 하락에 급락을 넘어 원금은 찾을 수 있을지 걱정되는 지경이다. 역시 남은 재테크 방법은 복권 당첨밖에 없는 것일까? 하지만 복권을

■ **노후 소득 피라미드**★ (괄호 안은 가구 비중)

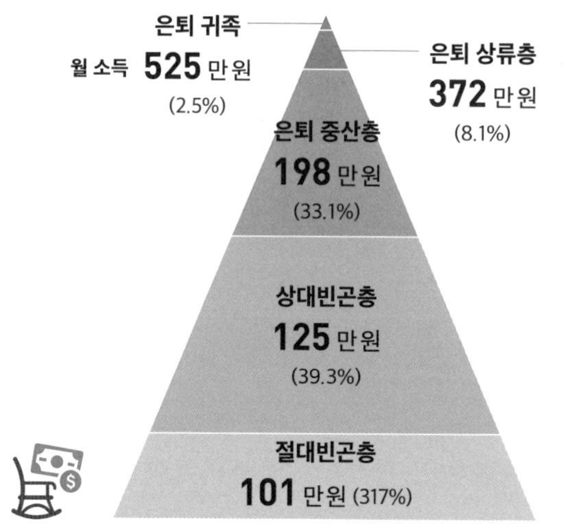

★《조선일보》, 〈퇴직 후 매달 198만 원 꽂히면 중산층… 은퇴 귀족층은?〉, 2023년 07월 07일자 (https://www.chosun.com/economy/money/2023/07/07/K2W X4M2C5VCKBEFO 2XJPYKQCHE/).

구입해봐도 기껏 당첨되어봤자 5등이다. 부자들은 대체 어떤 방법으로 돈을 축적한 것일까? 재테크 관련 서적이나 유명한 유튜버의 영상을 뒤져봐도 뚜렷한 방법은 보이지 않는다.

다시 정신을 차리고 나의 통장 잔고를 살펴보자. 행복하게, 멋지게 혼자의 삶을 꾸려가려면 돈이 있어야 한다. 뉴스 기사를 보니 은퇴 이후에 보통의 삶의 질을 유지하려면 월 200만 원 이상의 소득이 있어야 한다는데, 과연 은퇴 후 그만한 소득이 보장될까 걱정이 앞선다.

결국 노년이 되어도 열심히 일을 해야 하는 것일까? 여유 있는 노년기를 보내는 사람들은 연금이나 저축, 펀드 등 다양한 방법을 마련했다고 한다. 미래의 소득을 담보할 수 없으니 역시 투자를 통해 자산을 증식하는 것이 현명한 방법일까? 이런저런 재테크에 대해 고민해보지만 해결책이 보이지 않아 답답하기만 할 것이다.

재무 상태와 소비 행동 체크하기

그렇다면 우선 현재의 재무 상태를 비롯해 재무 관리 태도 등 자산에 대한 전반적인 상태를 점검하면서 미래를 위해 소비를 줄여야 하는 항목을 찾아보자.

나의 재무 상태는 어떤가요?

아래의 문항들은 현재 나의 자산 상태(수입, 지출)를 파악하기 위한 질문입니다.

입출	구분		금액	비중(%)	내용
수입(A)	급여				
	상여				
	기타 수입				
	소계(A)				
지출(B)	적금				
	펀드/주식				
	곗돈				
	개인연금				
	대출 상환				
	대출 이자				
	월세(주거비)				
	관리비				
	보험료				
	통신료				
	경조사비				
	모임 회비				
	용돈	개인			
		부모님			
	식비	외식			
		식대			
		카페			
		간식			
		배달			

지출(B)	생활비			
	문화/여가			
	의료/건강·보험			
	술/유흥			
	교통/차량유지비			
	여행/숙박			
	의복			
	미용/네일			
	선물			
	소모품비			
	반려동물			
	기타			
	소계(B)			
잔액(A-B)				

하지만 눈을 씻고 아무리 찾아봐도 소비를 줄일 수 있는 항목이 눈에 띄지 않는다. 배달 음식을 줄이고, 카페 방문 빈도를 줄이고, 택시를 덜 이용하고, 이런저런 소비 항목을 줄인다고 해도 크게 돈이 모일 것 같지 않다. "티끌은 모아봤자 티끌"이라는 한 개그맨의 말처럼, 작은 소비들을 줄인다고 한순간에 목돈이 되지 않는다. 그러나 경제습관을 기르는 데 이 말만큼 위험한 생각도 없다. 소비를 줄일 수 있는 항목을 찾기 어렵다면 나의 소비 행동은 어떠한지 점검해보자.

소비 행동 점검

아래 문항들은 '가난해지는 습관'을 알아보기 위한 표입니다. 몇 가지에 해당하는지 체크해보세요.

	문항	yes	no
1	먹는 것에는 돈을 아끼지 않는다.		
2	외식이나 배달 음식을 자주 먹는다.		
3	카페에 가면 디저트류(케이크, 마카롱 등)를 함께 즐긴다.		
4	버스나 지하철을 이용하기보다 택시를 자주 이용한다.		
5	구독하는 ott가 두 개 이상 있다.		
6	신용카드 할부 서비스를 자주 이용한다.		
7	음주나 유흥을 즐긴다.		
8	고정적인 저축을 하지 않는다.		
9	목돈을 만들 구체적인 계획이 없다.		
10	카드 명세서나 영수증의 항목을 확인하지 않는다.		
11	1+1 상품이나 2+1 상품을 보면 구매한다.		
12	가계부 등 수입 지출 관리를 하지 않는다.		
13	지인과의 자리에서 계산을 하는 경우가 많다.		
14	여행을 자주 다닌다.		
15	계약서나 약관 등을 잘 읽지 않는다.		

3~5개	**파란불**	비교적 안전합니다. 건강한 지출 습관을 기를 수 있도록 꾸준히 노력하세요.
6~10개	**노란불**	소비 행동 개선이 시급합니다.
11~15개	**빨간불**	위험하네요! 미래의 가난뱅이 예약입니다. 당장 불필요한 지출을 멈추세요!

집에서부터 시작하는 소비 행동 교정

불필요한 지출을 줄이는 첫 번째 방법은 '집에서 밥을 만들어 먹는 것', 즉 식비 지출부터 점검해보는 것이다. 1인 가구 중 많은 사람이 집에서 스스로 차려 먹는 밥을 선호하지 않는다. 한식은 다양한 재료가 필요하다. 고춧가루, 다진마늘, 대파 등 사소하지만 음식의 맛을 좌우하는 재료들은 모두 값이 비싸고, 1인 가구에 맞게 소분해서 팔지 않는다. 최근에는 1인 가구용 식재료들을 파는 곳이 늘어나고 있다지만 대형마트가 아닌 이상 1인 가구용 식재료를 구하기는 어려운 일이다. 많은 1인 가구가 식재료를 사서 버리느니 밖에서 사먹는 것이 싸다고 말한다. 물론 한 끼라면 외식하는 게 더 저렴하다. 그러나 외식비나 배달 음식 비용이 쌓이면 큰 액수가 되므로 역시 꾸준히 해먹는 집밥이 가장 저렴하다.

불필요한 지출을 줄이는 두 번째 방법은 쇼핑 습관을 점검하는 것이다. 흥미롭게도 사람들이 쇼핑을 가장 많이 하는 곳은 집, 더 구체적으로는 '침대'였다. 잠들기 전 침대에 누워 모바일 쇼핑을 이용해본 적이 많지 않은가. 꼭 자기 전이 아니더라도 퇴근 후 집에 머물면서 모바일 쇼핑을 하는 비율이 높다. 외부에서 받은 스트레스를 집에서 쇼핑을 하며 심리적으로 보상하려는 것일까? 언제 쇼핑을 많이 하는지 점검해본 후, 그 시간에 다른 행동을 해서 쇼핑과 거리두기를 해보자.

■ 쇼핑 시간 분석★

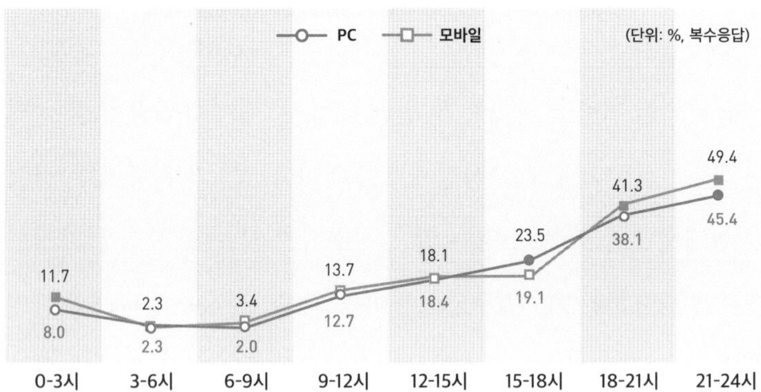

소비 행동 점검

3개월간 쇼핑 목록 등을 생각하거나 검색한 후 아래의 질문에 답해보세요.

	문항	응답
1	주로 쇼핑하는 방식은 (예: 휴대폰, pc, 직접 방문 등)	
2	주로 쇼핑하는 장소 또는 사이트는?	
3	주로 쇼핑하는 품목은?	
4	주로 쇼핑하는 시간대는?	
5	1회 쇼핑에 소요되는 평균 비용은?	
6	쇼핑할 때 결제 습관은? (예: 현금, 카드 일시불, 카드 할부, 모바일 소액결제 등)	
7	쇼핑 욕구가 생기는 때의 나의 기분 상태는?	

★ DMC미디어, 〈2018 인터넷 쇼핑 행태와 쇼퍼 그룹 및 쇼핑몰 분석 보고서〉, 2018, 요약본.

기분이 쇼핑이 되지 않도록

일반적으로 1인 가구는 욜로족YOLO, You Only Live Once일 것이라는 편견과 달리, 계획적인 소비를 하는 경우가 많다. 아무래도 1인가구의 소득이 제한적이다보니 소비를 하기 전에 비교하고 검색하고 할인 시기를 기다리면서 지출을 조정한다.

아무리 현명한 소비를 지향한다 하더라도 사람은 누구나 '기분파'가 되는 순간이 있다. 기분파가 되는 순간, 즉 기분이 '지출' 또는

■ **1인 가구 재정특성 변화★**

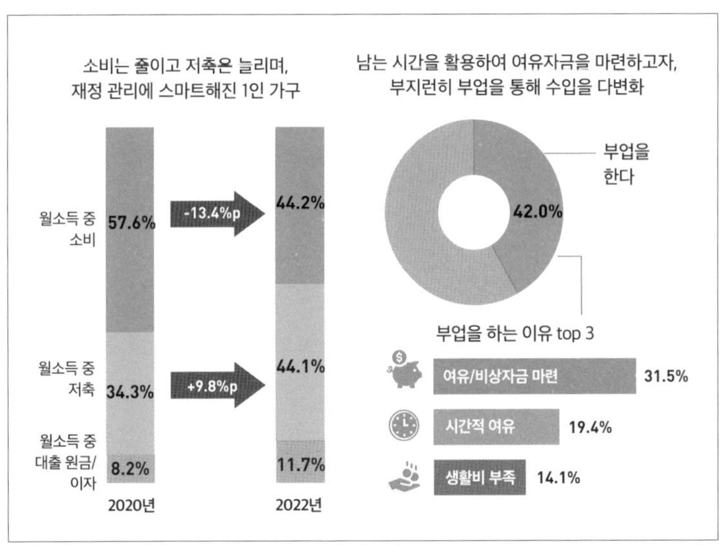

★ KB금융그룹, <2022년 한국 1인 가구 보고서-한국 1인 가구 새롭게 들여다보기>, 2022.

'쇼핑'이 되는 순간을 조심해야 한다. 어떤 사람은 친구들과 만나서 기분이 좋으면 비용 결제를 하고, 어떤 사람은 우울한 기분을 달래기 위해 쇼핑을 한다. 각자 기분을 달랠 수 있는 방법이 다양하지만 그것이 소비로 연결되어서는 안 된다.

어떤 1인 가구는 기혼 친구들을 만나면 지출이 늘어난다고 토로한다. 특히 아이가 있는 친구들을 만나면 아무래도 혼자인 자신이 소비하는 데 더 자유롭기 때문에 계산하게 된다는 것이다. 작게는 밥값이지만 많게는 밥값에 교통비, 커피·디저트, 친구 자녀의 선물 등 만남의 순간부터 이벤트까지 모든 비용을 부담한다. 그렇게 기혼 친구의 살림살이를 걱정하는 마음이 소비로 연결된다. 하지만 기혼 친구의 살림살이 걱정은 본인의 몫이 아니다.

또 다른 1인 가구는 기분이 우울할 때 쇼핑을 한다. 흥미롭게도 우울함을 달래기 위한 쇼핑은 '소비' 자체에 초점이 맞춰져 있기 때문에 '무엇을 구매'하는지 중요하지 않다. 같은 맥락에서 이러한 소비는 쇼핑을 하는 순간 우울하거나 부정적인 감정이 해소되므로, 구매하려는 상품의 행방이나 질을 따지지 않는다. 즉 우울할 때 돈을 쓰는 것 자체에 집중한다.

최근에는 모임비를 신용카드로 먼저 결제한 후에 모바일 송금을 받는 1인 가구도 많다. 언뜻 보기에는 현명하고 효율적인 방식처럼 보이지만, 송금 받은 금액은 현금자산처럼 사용하게 되고, 카드대금은 그대로 남아 카드대금에 대한 부담을 오롯이 떠안을 가능성이 높다. 나아가 신용카드 한도액을 꽉 채워 사용하는 것은 신용도 하락의 요인이 될 수 있으므로 주의해야 한다.

이 외에도 1인 가구는 '자기지향' 소비에 대한 욕구가 높다★. 자기계발, 여행, 건강, 취미 등 본인을 위한 소비를 아끼지 않음을 의미한다. '어차피 먹고 살기 위해서 돈을 버는 것인데 나를 위해 돈 좀 쓰면 뭐 어때?'라고 생각할 수 있으나 이러한 소비는 매우 위험하다. 좀 더 나은 삶을 살기 위한 자기계발 분야의 소비는 비교적 괜찮을 수 있으나 이러한 소비도 정말로 나에게 도움이 되는지, 앞으로 활용할 수 있는 방법이 있는지 등 철저한 계산과 분석이 필요하다. 더 나아가 무료함을 달래기 위한 여행이나 SNS에 보여주기 좋은 취미생활과 같은 소비는 조심해야 한다. 수입이 제한적인 이상 일시적인 기분이 소비로 연결되지 않도록 주의하자. "아껴야 잘 살 수 있다"는 말은 전 세계 공통의 진리다.

★ 이경아, 곽윤영, 〈1인 가구 소비행태와 소비자문제 연구〉, 《정책연구》, 15-12, 충북:한국소비자원, 2015.

나의 재무 역량 파악하기

우리는 "돈은 한 곳에 모으면 안 된다"는 얘기를 귀에 못이 박히도록 들었다. 돈을 한 곳에 모아 두지 말고 여러 곳에 분산시켜야 자산이 늘어난다는 원리다. 투자를 할 때는 분산투자를 하고, 생활비 통장, 모임 통장, 경조사비 통장 등 자금은 나눠서 관리해야 한다는 말도 질리도록 들었지만 그게 어디 쉬운가? 여유 자금이 있어야 분산 관리도 가능하다. 당장 들어오는 돈과 나가는 돈에 차이가 없는데 나눠서 관리할 돈이 남아 있을 리가 없다.

앞서 소득과 지출 항목을 통해 분석해봤다면 매달 지출해야 하는 고정 지출 비용이 생각보다 높다는 사실을 알았을 것이다. 인생을 즐기면서 소비 중심으로 생활했다고 생각했던 사람도 수입과 지출을 분석하다보면 고정 지출 비용이 높다는 것을 느끼게 된다.

이는 한 사람이 기본적인 생활을 유지하기 위해 들어가는 비용이 높음을 의미한다. 이 외에도 배달 음식이나 택시비, 술이나 유흥, 문화나 여가 등 불필요한 지출도 많다는 것을 깨달으면서, 이 돈만 모았어도 자동차 한 대 값은 나올 것 같다는 생각에 이른다.

지출을 줄이는 데도 한계가 있기 때문에 결국 수입을 늘려야 한다고 생각하지만, 그것은 어디까지나 생각일 뿐, 수입을 늘리는 일은 쉽지 않다. 몸은 하나이고, 시간은 정해져 있기 때문이다. 투 잡Two job, 쓰리 잡Three job 등 부업을 하면 된다지만 말이 쉽지, 결코 쉬운 일도, 쉬운 결심도 아니다. 결국 수입을 늘리는 것보다도 불필요한 지출을 조금 줄이고, 그 비용을 저축으로 돌리는 방법이 가장 쉽다.

지출을 줄이려면 무엇을 해야 할까? 과거 현금을 주로 사용하던 시절에는 가계부를 작성하는 경우가 많았지만 신용카드를 사용하면서부터는 가계부 작성이 쉽지 않다. 수입과 지출을 체계적으로 관리하기 위한 다양한 어플리케이션이 있지만 그것도 잠깐 사용하고 만다. 따라서 수입과 지출을 관리하기 위해 첫 번째로 수입-지출의 구조를 파악하고, 꾸준히 관리해야 한다. 여기에 더해서 자신이 자산과 관련해서 어떤 성향의 사람인지 알아보는 것도 중요하다.

나의 재무 역량은 어떤가요?

다음은 당신이 평소 재무관리를 하면서 가지는 태도*에 관한 문항들입니다. 당신의 평소 성향과 일치하는 정도에 따라 해당란에 ∨표를 해주세요. 여기에는 옳고 그른 답이 없으므로, 당신의 솔직한 생각에 따라 답하면 됩니다.

	재무 관리 태도	전혀 그렇지 않다	별로 그렇지 않다	보통 이다	대체로 그렇지 않다	매우 그렇다
1	나는 비교 구매와 계획적인 지출 습관은 성공적인 인생을 위해 중요한 요인이라고 생각한다.	1	2	3	4	5
2	나는 예산만 잘 세워두어도 윤택한 경제생활에 큰 도움이 될 것이라 생각한다.	1	2	3	4	5
3	나는 신용도가 낮아도 일상생활에는 별다른 지장이 없다고 생각한다.	5	4	3	2	1
4	나는 과도한 빚 때문에 파산을 하더라도, 결국은 빚으로부터 해방되는 것이므로 나쁘지 않다고 생각한다.	5	4	3	2	1
5	나는 요즘같이 불안정한 시대에 저축을 한다는 것이 부질없이 느껴진다.	5	4	3	2	1
6	가진 돈을 아껴서 불리는 것보다, 지금의 만족을 위해 쓰는 것이 나에게는 더 기분 좋은 일이다.	5	4	3	2	1
7	내 재산에 손해가 날지도 모르는 위험에 대비해 미리 계획을 세워두어야 한다.	1	2	3	4	5
8	나는 일어나지 않을 수도 있는 일 때문에 보험에 가입하는 것이 아깝다는 생각이 든다.	5	4	3	2	1
9	나는 가족의 사후를 대비하는 종신보험에 가입하는 것이 왠지 꺼림칙하다.	5	4	3	2	1

10	부동산을 많이 가진 사람은 국민연금이나 퇴직금에 의지할 필요가 없을 것이다.	5	4	3	2	1
11	나의 재무적 건전성에 대해서는 나 스스로에게 가장 큰 책임이 있다.	1	2	3	4	5
12	재무 관리를 잘하려면, 무엇보다도 내가 도달할 목표를 미리 설정해두는 것이 중요하다.	1	2	3	4	5

6월

■ **영역**

구분	문항번호	점수 합계	총점
수입과 지출의 관리	1, 2		
신용과 부채 관리	3, 4		
저축과 투자	5, 6		
위험관리와 보험	7, 8, 9		
노후 설계	10		
금융시장 환경과 재무 관리의 의사결정	11, 12		

■ **채점**

* 1, 2, 7, 11, 12번 문항을 제외한 나머지 문항은 역채점 문항으로, 점수를 매길 때는 보여지는 그대로 수행하면 됩니다.
* 각 항목별로 응답하면 그대로 점수가 됩니다.
* 점수가 높을수록 건강한 재무관리 태도를 가지고 있음을 의미합니다.

■ **총점**

45점 이상	**파란불**	비교적 안전합니다. 건강한 재무 관리 태도를 가지고 있습니다.
28점~44점	**노란불**	잘하고 있지만 좀 더 노력합시다.
27점 이하	**빨간불**	위험합니다! 재무 관리 훈련이 필요합니다. 재무 상태가 위험에 빠질 수 있습니다.

★ 최윤나, 〈노인소비자의 재무관리역량에 관한 연구〉, 서울대학교대학원 석사학위논문, 2012, 65~66쪽.

■ **각 문항에 관한 설명**

1	수입과 지출 관리 중 '비교구매 및 계획구매'에 대한 태도. 점수가 높을수록 계획적인 지출 성향을 의미하고, 점수가 낮을수록 충동구매의 가능성이 높다. 이 문항에 대한 점수를 낮게 측정했다면, 오늘부터 물건을 구매하기에 앞서 가격을 비교하고, 장바구니에 담아놓은 다음 며칠 후 구매하기, 예산 계획 세우기 등 소비에 앞서 지출 지연 전략을 활용해야 한다.
2	'예산의 중요성 인식'에 대한 태도. 제한된 수입에서 우선순위를 정해 소비하는 태도를 의미한다. 이 문항에 대한 점수를 낮게 측정했다면, 고정비를 제외한 수입 내에서 지출 항목별 예산을 수립해보자. 예산을 세웠더라도 실천이 매우 어려울 수 있다. 마음을 다 잡고, 한 달만 실천해보자. 지난 달보다 여유가 생긴 통장 잔고를 확인할 수 있을 것이다.
3	'신용도 향상의 중요성'에 대한 태도. 신용도는 일상생활에서 크게 영향을 미치지 않는 것처럼 여겨진다. 그러나 재정적 위험에 처했을 때, 낮은 신용도는 대출, 자동차나 부동산 구매, 통신기기 구매 등 다양한 영역에서 발목을 잡는 요소이기도 하다. 적은 금액이라도 잦은 연체를 하면 신용도에 영향을 미칠 수 있다. 따라서 현재의 신용도 수준을 알아보고 평소에 관리하는 태도를 가져야 한다. 신용도가 낮으면, 어떤 금융기관도 당신에게 대출을 해주지 않고, 대출을 받을 수 있다 하더라도 높은 이자를 부담해야 한다는 것을 기억하자.
4	'소비자 파산'에 대한 태도. 정부에서는 감당할 수 없는 빚을 탕감해주는 파산제도를 운용하고 있다. 간혹 파산을 하게 되면 모든 빚이 면책된다고 생각하지만 아닌 경우가 많다. 먼저 근로능력이 있거나, 소액이라도 재산이 있거나, 가족이 변제능력을 가지고 있는 경우 파산선고가 내려지지 않는다. 만약 파산선고를 통해 빚을 탕감 받더라도 당신의 신용도는 낮아질 것이며, 본인 명의의 금융거래가 어려워질 수 있다. 감당할 수 없는 빚이 있다면 정부에서 운영하는 신용회복제도 등을 알아보자. 시간이 지날수록 이자가 쌓인다. 빚과 관련된 부분은 감추지 말고 빨리 움직이는 것이 상책이다.

5	'저축의 필요성 인식'에 대한 태도. 최근 예금이자가 조금 상승하고 있지만, 투자수익에 비해 저축이 덜 선호되는 경향이 있다. 그러나 저축은 목돈이 필요한 순간 당신의 구세주가 될 것이다. 특히 300~500만 원 정도는 예비비 성격으로 가지고 있는 것이 좋다. 300~500만 원 정도면 병원비 등 인생에 생기는 난관에 어느 정도 대응이 가능하고, 발생한 일에 전체적으로 대응이 되지 않더라도 잠시 수습할 수 있는 시간을 벌 수 있다.
6	'현재소비지향형 vs 미래소비지향형'을 구분하는 태도. 한때 '욜로' 열풍이 불었다. 욜로 열풍은 미래에 대한 대비보다 현재의 만족감을 우선시하는 사람들을 양산했다. 물론 현재의 행복을 추구하는 것이 나쁘다는 의미는 아니다. 그러나 소득이 더 이상 발생하지 않는 시기가 반드시 온다. 그때를 생각해보라. 지금의 소비를 후회할 것이다. 미래의 당신을 위해, 현재의 당신이 조금 양보할 때다.
7	'재정적 위험대비의 중요성 인식'에 대한 태도. 사회생활을 하고, 때마다 월급 등 소득이 있을 때 재정적 위험은 다른 사람의 얘기처럼 느껴진다. 그러나 금리는 변하고, 경기는 불안정하며 안정적이던 회사도 한순간에 없어지는 것이 현실이다. 당신이라고 항상 안전한 울타리에 있으라는 법은 없다. 언제 어떻게 발생할지 모르는 재정적 위기에 대응할 수 있는 계획이 있어야 한다. 그 시작은 예비비다. 당신의 월평균 소득의 세 배는 보유하고 있어야 당장의 위기를 극복할 수 있다.
8	'보험'에 대한 태도. 재정위기가 닥치면 저축 > 적금 > 보험 순으로 해지한다고 알려져 있다. 보험은 당신의 신체적 위험, 경제적 위험을 방어해줄 수 있는 좋은 수단이다. 그렇다고 무턱대고 값비싼 상품을 가입하는 것은 어리석다. 요즘에는 가격 비교 사이트, 보험 진단 사이트 등 다양한 방법이 존재한다. 연령과 상황에 맞게 하나쯤은 가지고 있어야 하는 것이 보험이다.
9	'종신보험'에 대한 태도. 과거 종신보험은 가족 중 누군가 죽어야 받을 수 있는 보험이라는 인식이 높았다. 그러나 최근에는 종신보험을 연금으로 전환할 수 있는 상품이 출시되는 등 다양한 방식으로 진화하고 있다.

10	'은퇴 소득의 다양성과 필요성 인식'에 대한 태도. 한때 대한민국은 부동산 불패라는 말이 있었다. 그러나 부동산은 비유동성자산(Non-Liquid Assets)이다. 즉 부동산은 단기간에 현금화가 어렵기 때문에 은퇴 후 재정적 위기에 대응하기에는 무리가 있다. 예외적으로 소유한 주택을 연금으로 전환하는 주택연금 제도를 활용하는 경우도 있다. 은퇴 후의 삶의 질을 높이려면, 국민연금, 퇴직연금, 개인연금 등 3층 연금이 필요하다고 알려져 있다. 은퇴 후 일정한 소득을 유지할 수 있는 대안을 마련해보자.
11	'재무 관리에서의 책임감'에 대한 태도. 재무건전성은 당신의 몫이다. 당신의 재무 상태는 누구도 관리해주지 않는다. 하나씩 차근차근 재무건전성을 높이기 위한 노력을 지속해보자. 혼자가 어렵다면 지인, 스터디, 컨설팅 등 다양한 방식을 활용하는 것도 방법이 될 수 있다.
12	'재무 목표 설정의 중요성 인식'에 대한 태도. 건강한 재무 역량을 가지기 위한 필수조건이다. 언제 소득이 감소할지, 언제 얼마큼의 자원이 필요할지, 필요한 자원을 어떠한 방법으로 조달할지 등 당신을 둘러싼 환경 변화에 따른 재정 목표를 구체적으로 세워두는 것이 필요하다.

재무 역량을 검토해보면 무엇이 부족하고, 무엇을 소홀하게 생각하는지 점검해볼 수 있다. 이제부터는 모두가 알고 있는 사실을 마음에 새겨야 한다. 언젠가는 소득이 없어지는 순간이 온다. 아무리 자신의 능력이 출중하더라도 노후에 대한 준비를 철저히 하지 않는 이상 누구나 노후는 불안하다.

노후 경제 활동을 위한 팁

1. 자신의 재무 상황을 정확하게 파악하여, 새로운 지출 계획을 세우고 실행한다.★

자산		부채		
분야	금액	분야	금액	상환계획
부동산				
예·적금				
투자				
연금				

- 1단계: 총자산 규모를 정확히 파악한다.
- 2단계: 국민연금, 퇴직연금, 개인연금 등 고정수입 규모를 파악한다.
- 3단계: 노후의 삶을 위한 생활비 규모를 산정한다. 이때 불필요한 지출은 과감하게 축소하고 정리해야 한다.
- 4단계: 부채(빚)가 있다면, 높은 이자의 부채부터 빠르게 상환한다.

2. 새로운 경제 활동에 관심을 갖는다.

- 경제 활동을 통해 노후자금을 보충한다. 필요할 경우, 재취업을 준비한다.
- 현재 보유한 기술이나 관심 분야를 생각한 후 미래 소득으로 전환할 수 있는 방법을 찾는 것이 좋다.
- 계획은 허황되지 않고, 실현가능성이 높을수록 좋다.

보유하고 있는 기술 또는 관심 분야	재취업 가능성	창업 가능성	소득 전환 계획	소득 전환을 위해 지금부터 준비할 것
예) 그림을 잘 그림	50%	50%	미술치료사 되기	• 미술치료 공부 • 자격증 취득
예) 꽃을 좋아함	0%	100%	꽃가게 오픈	• 꽃꽂이를 배운 후 SNS에 업로드하여 인지도 쌓기

3. 위기관리 역량을 높인다.

- 국내외 경제 상황의 변화로 발생할 수 있는 자산 변동 가능성에 대한 이해와 위험 회피 방법 등을 숙지한다.
- 본인에게 발생할 수 있는 위기 상황을 생각해보는 것이 좋다.

<table>
<tr><th>발생 가능한 위기 상황</th><th>예상시기</th><th>대안</th><th>위기 대응을 위해 지금부터 준비할 것</th></tr>
<tr><td rowspan="3">예) 집 주인이 전세금을 올려달라고 할 수 있음</td><td rowspan="3">1년 후</td><td>대출</td><td>• 신용등급 확인 및 꾸준한 직장생활</td></tr>
<tr><td>저렴한 집으로 이사</td><td>• 부동산 시세 알아보기
• LH행복주택 등 국민임대주택 검색</td></tr>
<tr><td>월세 전환</td><td>• 월세 부담을 대비해 저축 늘리기</td></tr>
<tr><td></td><td></td><td></td><td></td></tr>
<tr><td></td><td></td><td></td><td></td></tr>
<tr><td></td><td></td><td></td><td></td></tr>
<tr><td></td><td></td><td></td><td></td></tr>
</table>

★ 기획재정부, KDI 경제정보센터 〈생애주기별경제교육-노년기 편〉, 12, 2017, 8쪽, 수정·보완.

노후 준비,
나를 아끼기 위한 투자

어떤 사람은 주식, 어떤 사람은 부동산, 어떤 사람은 상속재산이 있다고 해보자. 그런데 아무 재산이 없는 사람이라면, 이제부터라도 천천히 혼자의 노후를 준비해야 한다. 앞서 수입과 지출 분석, 재무에 관한 태도도 점검해봤다. 현재 잘 살고 있는 것인지부터 여러 가지 생각이 교차하면서 머리는 복잡하고, 가슴은 답답할 수 있다.

우리는 항상 인생의 가장 찬란한 순간이 평생 유지될 것처럼 생각한다. 그러나 오늘만큼은 현재가 아니라 자신의 생애 전체, 쉽게 말해 늙어 죽을 때까지 어떻게 살 것인지 구체적으로 생각하는 시간을 가져보길 바란다.

혼자 노년기를 맞이하기 위해서 돈만 마련해놓으면 될까? 아마도 돈, 친구, 가족, 연인, 건강 등 현재 자신의 삶을 구성하고 있는 주변의 모든 것들이 필요할 것이다. 먼저 현재부터 은퇴 후 삶까지의 계획★을 대략 정리해보자.

아직 멀게만 느껴지는 미래를 정리하다보면 기대감에 들뜨기보다 마음이 차분해진다. 인간의 삶은 정해져 있지 않아서 아름답다. 그러므로 내가 원하는 대로 삶을 살아갈 수 있다. 미래를 계획대로 살기 위해서는 진정으로 나를 아껴야 하고, 나를 위해서, 나답게 살아야 한다. 만약 진정으로 자신을 아끼지 않고, 자신을 감추고 산다면 혼자가 아니더라도 행복해지기 어렵다.

나답게, 혼자서 살려면 무엇보다 '용기'가 필요하다. 다른 사람의 눈치를 보지 않고, 다른 사람의 평가에 연연하지 않으려면 나를 인정하고, 나의 이야기를 하고, 나의 목소리를 낼 수 있는 용기 하나면 된다. 쉬워 보이지만 실천하기가 어렵다. 돈으로 해결할 수 없는 것 중 하나다. 이제부터는 나를 아끼고, 나의 삶을 아끼고 나답게 살아보자.

★ 신라대학교 가족상담센터, 〈행복가족 레시피: 가족생활교육 프로그램 매뉴얼〉, 2007, 재구성.

당신이 평생에 걸쳐 진짜 하고 싶은 것은 무엇인가요?

	시기	하고 싶은 것	이루고 싶은 것	되고 싶은 것
단기	1년 이내 (　　)년도 나이 (　　)세			
	3년 이내 (　　)년도 나이 (　　)세			
중기	5년 이내 (　　)년도 나이 (　　)세			
	10년 이후 (　　)년도 나이 (　　)세			

장기	20년 이후 ( )년도 나이 ( )세			
	30년 이후 ( )년도 나이 ( )세			
	은퇴 후 ( )년도 나이 ( )세			

7월

아프지 않고 튼튼하게 지내는 법

건강

예고 없이 찾아오는 '아픈 날'의 서러움

혼자 사는 삶을 선택했다면 가장 먼저 스스로 건강을 돌보는 습관을 길러야 한다. 혼자 아파본 경험이 있는 사람이라면 아마도 이 말에 동의할 것이다. 홀로 방에서 죽을 듯 병을 앓고 있어도 약은커녕 물 한 잔 가져다줄 사람이 없을 때, 할 수 있는 건 그저 혼자서 아픈 시간을 견뎌내는 것뿐이다. 죽 한 그릇이라도 대신 사다줄 사람이 절실할 뿐인데 혼자 사는 삶에서는 그것도 쉽게 허락되지 않는다. 늦은 밤이라 친구에게 전화를 걸 수도 없고 부모님께 걱정을 끼칠 수도 없기 때문이다. 한바탕 심하게 앓고 정신을 차려보면 집 안은 엉망이기 일쑤다. 아픈 나 대신 집을 치워줄 사람이 없으니 당연한 일이다.

아픈 몸을 간신히 일으켜 집 안을 청소하면서 북받치는 설움에 주저앉아 울어본 경험이 있는가? 1인 가구에게는 그 순간 모든 것은 '자유'가 아닌 '책임'으로만 다가오곤 한다. "청소 좀 하며 살라"던 엄마의 한 시간짜리 잔소리마저 그리워질지도 모른다. 엄마의 손은 속사포 잔소리만큼 빨라서 잔소리가 그칠 때쯤 호텔방 부럽지 않게 깨끗하게 정리되곤 했으니 말이다.

힘든 순간들은 혼자 살아가는 삶 속에 예고 없이 찾아오곤 한다. 그 순간들을 대비하기 위해 당신은 어떻게 건강을 돌보고 있는가? 남을 챙기는 것보다 자신을 챙기는 것이 어쩌면 더 어려울 수도 있다. 혼자 살다보면 자신의 몸 관리가 소홀한지, 건강하지 못한 습관이 생겼는지 쉽게 알 수가 없다. 당장은 큰 변화를 느끼지 못하는 경우도 많아서 시간이 지날수록 건강은 서서히 망가지게 된다. 한번 망가진 건강을 되돌리는 일은 쉽지 않다. 응급상황에서 119에 전화해줄 사람도, 병원 수속을 밟아줄 사람도 없는 현실이기에 혼자 산다는 것은 가끔 치명적으로 위험한 상황이 되기도 한다★.

★ 서울시 1인 가구 실태조사(2022)에 따르면, 혼자 생활하면서 몸이 아플 경우 응답자의 35.9퍼센트가 응급·구급 발생 시 대처하는 데 어려움을 겪는 것으로 나타났다.

건강한 '혼삶'을 위해 지켜야 할 것들

모든 일이 그렇겠지만 건강에서만큼은 특히 예방이 더 중요하다. 뻔한 이야기겠지만 잘 먹는 것은 기본 중의 기본이다. 균형 잡힌 식사가 어렵다면 적어도 영양제만이라도 매일 챙겨 먹자. 건강을 위한 투자와 지출에는 인색해서도 안 되고 심지어 알뜰할 필요도 없는 것 같다. 바쁘고 팍팍한 삶이라 해도 건강검진만큼은 시간을 내어 반드시 받아야 한다. 자신의 건강을 위해 1년에 단 하루를 투자하는 것만큼은 할 수 있지 않을까? 매년 시간을 내고 검진비용을 지출하는 것이 힘들다면 적어도 출생연도에 따라 2년마다 돌아오는 국민건강보험공단 건강검진만큼이라도 잊지 말고 챙기자. 규칙적인 검진만큼 중요한 예방법은 없다. 올해부터는 자신을 위한 건강수첩을 마련하고 꼼꼼히 기록해나가는 습관을 길러보자. 작은 습관이지만 건강한 '혼삶'을 위한 든든한 첫 출발이 되어줄 것이다.

자신만의 119를 만드는 것도 필요하다. 혼자 살수록 '우友테크★'를 해야 한다고 하지 않는가? 함께 병원을 가고, 서로의 건강을 챙겨주는 자신만의 119 비상연락망을 만들어보자. 위급 상황일수록 골든타임이 중요하니 가능하면 가까이 사는 친구가 많을수록 좋

★ '우정테크'를 줄여 부르는 말로 재테크를 하기 위해 시간과 노력을 투자하듯이 친구를 만들고 관계를 유지하는 것에 시간과 노력을 투자해야 한다는 뜻이다.

다. 가까운 거리에 살고 있는 친구가 없더라도 낙심할 필요는 없다. 친구만큼은 아니더라도 당신을 배려하고 진심으로 걱정하는 이웃이 있지 않는가? 이웃에게 마음을 나누는 노력을 해온 당신이라면 도움의 손길을 보내도 된다. 이미 '이웃사촌'이란 말이 사라진 시대에 살고 있지만, 마주칠 때마다 반갑게 인사하고 작은 음식이라도 나눈 이웃은 위급 상황에서 당신을 도울 것이다.

건강한 환경을 조성하는 것도 건강을 챙기는 사람이라면 반드시 살펴야 할 부분이다. 주기적으로 집 안 환기도 하고 채광도 신경써야 한다. 쾌적한 습도 유지도 중요하다. 특히 비염, 천식과 같은 호흡기질환은 물론 피부질환의 원인이 되는 곰팡이 관리를 위해서라도 환기와 습도 유지에 주의를 기울여야 한다. 과도하게 많은 플러그를 꽂아 사용하는 콘센트는 없는지, 욕실 바닥은 미끄럽지 않은지, 집 안에서 안전사고가 발생할 수 있는 곳을 살피고 사고에 대비해야 한다. 1인 가구는 사고 발생 즉시 도와줄 가족이 곁에 없으므로 작은 사고가 큰 사고로 이어질 수 있다. 의사의 처방 없이 마음대로 약을 복용해서는 안 되지만 적어도 소화제, 진통제, 해열제, 파스, 외상용 피부연고, 거즈, 반창고, 밴드 등을 갖춘 구급상자만큼은 만일을 대비해 준비해둬야 한다.

아프면 혼자라는 사실이 자신을 더 외롭게 만든다. 혼자 사는 자유로움에 대한 대가가 외로움일 필요는 없는데 아플 때면 그 대가

당신은 건강을 위해 어떤 노력을 하고 있나요?

- 1.5~2리터의 충분한 물을 마신다. □
- 6~8시간 동안 충분한 숙면을 취한다. □
- 채소와 과일을 섭취한다. □
- 견과류를 챙겨먹는다. □
- 과식을 하지 않는다. □
- 짠 음식과 단 음식을 멀리하려 노력한다. □
- 가공식품을 피한다. □
- 종합비타민을 먹는다. □
- 비타민D 합성을 위한 햇볕 쬐기를 한다. □
- 일주일에 3일 이상 유산소 운동을 한다. □
- 일주일에 2일 이상 근력 운동을 한다. □
- 과음을 하지 않는다. □
- 담배를 피우지 않는다. □
- 적정 체중을 유지한다. □
- 가까운 거리는 걸으려고 노력한다. □
- 몸을 자주 움직이며 틈틈이 스트레칭을 한다. □
- 스트레스는 그때그때 풀려고 노력한다. □
- 치아 검진을 한다. □
- 독감 예방접종을 한다. □
- 건강검진을 받는다. □
- 가까운 병원과 약국의 위치 및 연락처를 알고 있다. □
- 구급상자가 마련되어 있다. □
- 위급상황에 연락할 친구가 있다. □
- 지자체에서 운영하는 병원안심동행 서비스★를 알고 있다. □

▪ 오늘(　　년　　월　　일), 당신의 체크 개수는?
▪ 일주일 뒤(　　년　　월　　일), 당신의 희망 체크 개수는?

가 혹독한 것 같다. 몸이 건강해야 혼자서도 잘 버틸 수 있고, 잘 버텨야 행복한 내일도 맞을 수 있지 않을까? 이 모든 건 당신이 어떻게 오늘을 살고 있느냐에 달려 있다.

7월

★ 혼자서 병원을 이용하기 어려운 1인 가구를 위한 병원 동행 지원 서비스로, 서울시를 비롯한 지자체에서 운영하고 있다. 거주하는 지자체에서 운영하고 있는지, 이용 조건은 무엇인지 등 만일의 경우를 대비해 미리 정보를 알아두자.

건강한 친구 만들기

어느 날은 혼자인 게 자유롭게 느껴져 잘 살 수 있을 것 같았는데, 또 어느 날은 혼자인 게 견디기 힘들 만큼 외로울 때가 있다. 밤늦게까지 게임을 하거나 스마트폰을 봐도 말리는 사람 하나 없는 혼자 사는 삶이 '자유로움'에서 '공허함'으로 바뀔 때가 찾아오곤 하는 것이다. 그러한 공허함이 밀려올 때 무엇을 하며 그 시간을 견디는가? 보통 '야식'과 '혼술'이란 친구를 부르지는 않는가? 야식과 혼술의 낭만을 모르는 게 아니다. 습관적으로 이 친구들에게만 의지하는 게 걱정된다. 마음의 건강을 위해 몸의 건강을 해치는 꼴이기 때문이다.

지금의 삶을 어떻게 살았느냐에 따라 10년 뒤 자신의 삶이 결정된다고 한다. 2~30대의 젊은 나이 때는 이 말의 의미가 크게 와 닿지 않을 수 있다. 하지만 40대에 들어서면 30대를 어떻게 보냈느냐에 따라 40대의 삶이 꽤 크게 좌우됨을 느낄 수 있다. 물론 개인마다 차이는 있겠지만 보편적으로 40대부터는 2~30대에는 생각지도 못한 몸의 곳곳에서 신호를 보내기 시작한다. 그러다 50대가 되면 갑자기 아픈 곳이 늘어나면서 본격적으로 건강에 빨간불이 들어온다. 그때부터는 살기 위한 운동을 시작해야 한다.

혼자 산다는 것은 스스로 생계를 책임지고 꾸려나가는 경제적 자립을 넘어 자신만의 삶의 방식, 라이프 스타일을 만들어가는 일이다. 여기에는 건강한 내일을 위해 어떤 활동을 하고 어떤 휴식을 가질지를 선택하는 것도 모두 포함된다. 건강하고 온전한 휴식을 취할 수 있는 라이프 스타일을 만들어보자. 당신의 선택이 당신의 삶을 만든다.

평생 함께할 수 있는 건강한 습관 한 가지를 만들어보면 어떨까. 건강한 친구를 만드는 것과도 같다. 매일 1만 보 걷기도 좋고 헬스, 요가, 달리기, 수영 등 여러 활동도 좋다. 운동할 시간을 내기가 쉽지 않거나 수강료가 고민이 된다면 상대적으로 저렴한 주민센터의 운동 프로그램이나 '홈트'도 좋다. '홈트의 시대'답게 다양한 운동을 유튜브에서 찾아볼 수 있으니 관심만 있다면 충분히 좋은 운동습관을 만들 수 있다. 홈트를 위한 애플리케이션도 다양한데, 운동 피드백이나 식단을 제공하기도 하고 음식에 대한 정보도 알려준다.

하지만 홈트는 시간과 공간의 제약에서 자유로운 만큼 '중도포기'의 유혹 역시 크다. 그러므로 자신의 의지와 성향을 잘 고려해 어떤 친구를 선택할지 결정하자. 무엇보다 '꾸준히' 건강한 친구와 함께하는 게 중요하다. 그 친구를 사귀고 베프('Best Friend'의 줄임말)가 되는 길이 비록 꽃길만은 아니겠지만, 그 친구와 함께한 10년 뒤의 당신은 분명 그 친구에게 고마워하게 될 것이다.

잘 쉬어야 건강해질 수 있다

건강한 삶을 위해 노력하는 사람이라면 운동만큼 정성을 쏟아야 하는 것이 바로 휴식이다. 특히 수면은 건강과 밀접한 관계가 있기에 그 무엇으로도 대체할 수가 없다. 하루를 마무리하는 데 충분한 수면을 취하는 것만큼 효과적인 건강 회복법은 아마도 없을 것이다.

수면의 질을 높이기 위해서는 잠들기 전 카페인을 피하고 온도와 조명에도 세심한 신경을 기울여야 한다. 인간의 몸은 활동할 때보다 수면 중에 체온이 떨어진다고 하니 자신의 체온에 맞게 침실의 온도를 약간 낮게 유지하는 것이 좋다. 숙면에 도움이 되는 어두운 환경을 만들기 위해서는 안대를 쓰거나 암막커튼을 이용하는 것도 도움이 될 것이다. 암막커튼은 방음 효과도 있으니 예민한 소리에 민감한 사람이라면 활용해볼 만하다.

잠자기 한두 시간 전부터는 노트북이나 텔레비전을 멀리해야 한다. 특히 침대에 누워 태블릿이나 스마트폰을 보는 습관만큼은 반드시 고쳐보자. 스마트폰에서 나오는 블루라이트Blue Light가 수면을 유도하는 호르몬인 멜라토닌Melatonin의 분비를 억제해 수면을 방해하고 수면의 질을 낮추기 때문이다. 바쁜 일상에서 지켜내기 어려운 습관이지만, 매일 규칙적인 시간에 잠자리에 드는 습관 역시 숙면을 위해서라면 노력해볼 가치가 있을 것이다.

잠들기가 어려운 사람이라면 잠들기 전 자신만의 루틴을 만드는 것은 어떨까? 자신의 몸에게 "이제 잘 시간이야"라는 신호를 보내보자. 따듯한 물에 반신욕을 하는 것도 좋고 잔잔한 음악과 향초를 켜고 명상을 하는 것도 효과적이다. 간단한 스트레칭도 도움이 되는데, 스트레칭으로 인해 올라간 체온이 몸의 발한 능력에 의해 떨어지면서 숙면을 유도하기 때문이다. 다만 잠자기 바로 직전은 피하는 것이 좋으며, 특히 과격한 운동은 몸을 긴장시켜 숙면을 방해하니 조심해야 한다.

불면증을 경험해본 사람은 숙면에 도움이 되는 일이라면 웬만해서는 모든 시도와 노력을 다 해본다. 인터넷 검색은 물론 친구, 가족, 동료 등에게 모든 잡다한 정보를 얻기도 한다. 그러나 할 만큼 다 해본 것 같은데도 특별한 효과를 보지 못하는 순간이 되면 매일 밤이 두려워지기 시작한다. “오늘 밤은 잠을 이룰 수 있을까?”, “새벽에 또 깨면 어떡하지?”, “지금 방 안 온도가 너무 높나?”, “오늘 커피를 한 잔 더 마셨는데 어쩌지?”, “내일은 중요한 날이라 진짜 잘 자야 하는데. 못 자면 얼굴 부을 텐데 어쩌지?” 등 거의 강박에 가까운 생각이 든다. 이런저런 걱정에 정신은 점점 또렷해지고 잠들기는 더욱 힘들어진다. 악순환이 반복되는 것이다. 숙면을 위해 좋은 습관을 기르되 잠에 대한 걱정과 집착은 멀리 던져버리자.

자신의 건강을 보살피며 생활 속 소소한 행복을 찾을 때 우리의 삶은 빛난다. 자신의 몸과 마음의 소리에 귀를 기울이자. 몸과 마음은 단짝이니 몸과 마음, 어느 하나도 소홀해서는 안 된다. 몸이 건강하면 활력이 넘쳐 마음이 덩달아 행복해지기도 하고, 기분 좋은 일이 있는 날에는 몸이 날아갈 듯 가뿐하다. 몸이 아프면 아무 일이 없어도 짜증과 우울감이 몰려들고, 우울한 날에는 온몸이 천근만근 무거워 꼼짝할 수가 없기도 한다.

몸과 마음의 건강에 최선을 다하자. 건강에 도움이 되는 작은 습관부터 시작해 하나둘씩 자신의 몸과 마음을 돌보는 요령을 익혀나가면 된다. 자기 자신을 세상에서 가장 소중하게 대접하고 아끼는 마음, 그 마음을 키우는 것이야말로 건강한 삶을 위한 첫걸음이 아닐까?

심리적 허기를 채우기 위한 방법

혼자 사는 삶의 공허함은 비단 공간에만 국한되는 게 아닌 것 같다. 반겨주는 사람이 아무도 없는 집 안의 공허함을 넘어, 먹어도 먹어도 채워지지 않는 위장의 공허함……. 혼자 사는 삶의 공허함은 블랙홀 마냥 모든 것을 집어 삼키곤 한다.

혼자 살아가면서 무엇이 가장 힘들까? 인생의 큰 결정은 물론 세세한 집안 살림까지 모든 것이 혼자의 몫인 팍팍한 현실도 힘들겠지만, '혼자'라는 심리적 허기 역시 만만하지 않다. 몸의 근육은 근력운동을 꾸준히 하면 생기는데 마음의 근육은 도대체 생기질 않는 것 같다. 이제는 좀 단단해졌나 싶다가도 어느 날 갑자기 별것 아닌 일에 왈칵 눈물이 나곤 하니 말이다. 1인 가구에겐 욱신거리는 등에 파스 한 장을 붙여야 하는 날이 바로 그런 순간이 되곤 한다. 바닥에 파스를 놓고 드러누워보지만 파스는 이리저리 도망만 치니 결국에 파스를 집어던지기 일쑤다. 동창회를 위해 큰맘 먹고 구입한 원피스 지퍼를 올리지 못해 끝내 그 옷을 내동댕이친 날도, 새로 산 유자차 병뚜껑을 열지 못해 쓰레기통에 처박은 날도, 혼자 사는 삶에 허락되지 않은 너무나 평범한 일상에 이성을 잃곤 한다.

온기를 나눌 수 있는 대상 만들기

그렇게 사소한 일상이 자신을 무너뜨린 날에는 누구나 자신의 곁을 함께해줄 누군가가 절실할 수밖에 없다. '혼자'가 아닌 '함께'면 좋겠다는 생각이 끊임없이 커지는 것이다. 그때가 바로 많은 1인 가구들이 반려동물과 함께 살지 고민하게 되는 시점이 아닐까 싶다. 반려동물이 파스를 붙여줄 수도, 지퍼를 올려줄 수도 없지만 적어도 무너지는 당신 옆에서 온기를 나눌 수는 있으니까.

반려동물을 맞이하는 것은 가족을 맞이하는 것과 같다. 혼자서 반려동물을 책임져야 하니 함께 돌볼 가족이 없는 1인 가구에게는 상대적으로 더 큰 책임감이 요구된다. 반려동물의 끼니를 챙겨야 하기에 여행은 포기해야 하고 출장이라도 가게 되면 맡길 곳을 찾아야 한다. 매일 산책도 시켜야 하고 놀아주기도 해야 한다. 자신의 몸이 아파도 거를 수 없다. 하지만 언제나 나만 바라보며 사랑해주는 대상이 있으니 집 안의 온기도 채워지고 공허함도 사라진 듯하다. 당신은 반려동물을 만나 너무나 행복하다. 그러나 당신의 반려동물도 당신을 만나 행복할까? 잦은 야근과 출장에 산책은커녕 혼자 빈집을 지키는 시간이 길어지고 있지는 않은가? 반려동물은 말 그대로 함께 살아가는 존재다. 한 생명을 끝까지 책임질 단단한 마음가짐이 준비되어야 할 것이다. '애완동물'이 아니라 '반려동물'이지 않는가?

아직은 자신이 없어서 반려동물은 포기하더라도 누군가와 함께하고 싶다는 생각은 여전히 간절할지 모른다. 그렇다면 작은 화분을 키워보는 것은 어떨까? 끼니를 챙겨줄 필요도, 산책을 시켜줄 필요도 없으니 반려동물보다는 조금은 부담이 적지 않을까? 아마도 이런 이유 덕에 많은 사람이 식집사(식물집사)*의 길에 들어서나 보다. 그래서인지 요즘은 '식집사', '반려식물'이란 말이 더 이상 어색하지 않은 것 같다.

반려식물도 여의치 않다면 취미생활을 해보는 것도 적적한 마음을 위로하는 좋은 방법이다. 혼자 사는 삶의 가장 큰 매력이 '자유'라고 하지만 오롯이 혼자 시간을 채우는 건 솔직히 지루하고 외

★ '식물'과 '집사'를 합친 단어로, 반려식물을 기르는 사람들을 가리키는 말이다. 즉, 식물을 가족같이 돌보며 애정을 쏟는 사람들을 뜻하는 말로, 고양이를 키우는 사람을 뜻하는 '집사'에서 유래된 표현이다(네이버국어사전).

롭기도 하다. 이런 기분을 떨쳐버리고 싶다면 자신이 즐길 수 있는 일을 찾아 푹 빠져보자. 어릴 적 즐겼던 취미를 다시 시작해도 좋고, 평소 배우고 싶었던 것을 배워도 좋다.

취미를 한 번도 가져보거나 생각해본 적이 없다면 지금부터 자신이 무엇을 좋아하고 관심을 가지고 있는지 생각해보자. 거창한 활동이 아니어도 좋다. 끊임없는 도전과 시도만으로도 당신의 '외로운 시간'은 자신을 찾기 위한 '집중의 시간'으로 값지게 탈바꿈하게 될 테니.

요즘은 집까지 배달해주는 취미 키트★도 있고 온라인으로 간단히 취미를 배울 수 있는 수업도 많다. 각종 공방에서 다양한 원데이 클래스one-day class도 경험해볼 수 있고, 문화센터나 행정복지센터의 강좌도 수강할 수 있다. 손재주가 있는 사람이라면 유튜브를 보며 혼자서 배울 수도 있다. 특히 무언가를 만들어내는 취미는 결과물을 보면서 뿌듯한 충만감까지 느낄 수 있기 때문에 자존감 향상에도 도움이 될 것이다.

굳이 취미를 배우는 데 수강료를 지불하고 싶지 않다면 자신만의 텃밭 가꾸기는 어떨까? 조그만 화분이나 과일상자를 햇볕 잘 드는 창가에 두고 시작해보자. 식물을 키우는 즐거움과 수확의 행복

★ 'DIY(Do It Yourself)' 키트라고도 하며 설명서와 재료를 제공한다. 쿠키 만들기, 비즈 공예, 그림그리기, 뜨개질, 비누 만들기, 나무 목공 등 종류도 다양하며 자신의 수준에 맞는 난이도를 선택할 수 있다.

까지, 일석이조의 건강한 취미가 될 것이다. 햇빛이 잘 드는 베란다가 없다고 좌절할 필요는 없다. 공동주택에 살고 있다면 옥상을 활용하면 된다. 같은 취미를 가진 식집사를 만나 새로운 친구도 사귈 수 있고, 금손★의 비법도 배울 수 있을 것이다.

요리에 자신이 있다면 자신만의 요리 영상을 찍어 SNS나 유튜브에 올려 소소한 재미를 누려보는 방법도 있다. '인플루언서 influencer★★'나 '대박 유튜버'에 대한 환상에 집착하지 않는다면 소셜미디어 활동이 가진 긍정적인 효과를 최대한 누릴 수 있을 것이다. 시간적·공간적 제약 없이 같은 취미를 가진 사람들과 소통한다면 적적함과 외로움을 떨치는 데 분명 도움이 될 수 있다. 다만 SNS 중독이나 집착에 빠지지 않도록 건전한 소셜미디어 활동을 위한 자신만의 가이드라인을 확고히 세우는 것도 반드시 필요함을 잊지 말자.

마음의 면역력을 키우자

육체건강만큼 정신건강 역시 늘 챙겨야 한다. 사람들은 자주 건

★ 손재주가 뛰어난 사람을 비유적으로 이르는 말이다(네이버국어사전).
★★ SNS에서 수만 명에서 수십만 명에 달하는 많은 구독자를 통해 대중에게 영향력을 미치는 이들을 지칭하는 말이다(네이버국어사전).

강의 의미를 '육체'에만 한정짓는 실수를 범하곤 한다. 육체와 정신은 떼어낼 수 없는 한 세트임을 기억하자. 그리고 "건강은 건강할 때 지키자"라는 말이 진리임을 잊지 않아야 할 것이다. 항상 긍정적으로 생각하고 건강한 생활습관을 유지하려 노력하자. 혼자 사는 사람은 지치고 힘든 마음을 기댈 누군가가 한 공간에 같이 살지 않기에 더 열심히 챙겨야 할지도 모른다. 그러나 혼자 살며 시간을 보낸다고 해서 반드시 외로운 것도 아니다. 외로움을 느끼는 것은 '혼자'인가 '함께'인가와는 별개의 문제다. 어느 날 갑자기 찾아온 고독에 빠지면 외로울 것이고, 맞닥뜨린 고독을 지혜롭게 헤쳐나가면 외로움과 멀어질 수 있다. 그리고 그 방법은 자신만이 찾아낼 수 있을 것이다. 작은 생각과 습관의 변화가 가져올 엄청난 결과를 믿어보자. '혼자 산다는 것'과 '홀로서기를 성공했다는 것'은 엄연히 다른 의미임을 항상 기억해야 한다.

인생을 살아가는 것은 참 어렵다. 자신의 마음을 모를 때가 너무 많으니 말이다. "혼자 있고 싶지만 외롭기는 싫은" 이런 감정은 대체 무엇일까? 모순된 감정을 떨쳐버리지 못하는 자신이 못나 보이는가? 누구나 그럴 것이다. 혼자 사는 삶을 선택한 자신만의 감정은 아닐 것이다. 있는 그대로의 자신을 바라보는 것이 어려운가? 누구보다 자신을 잘 알고, 받아들이고, 사랑하는 것, 지금 당신에게 가장 필요한 것들이다.

혼자 사는 삶도 괜찮다는 마음을 키우면 외로움을 이기는 힘이 생길 것이다. 혼자든 아니든 삶은 외로움, 불안과 같은 불편한 감정들을 안고 살아가는 과정이다. 외롭지 않으려 발버둥치기보다는 외로움을 잘 달래며 살아가는 법을 터득하는 것이 훨씬 현명할지 모른다. 자신을 다독이며 자기 내면의 평화와 안정을 찾아나가는 방법을 깨닫는 것이야말로 단단한 마음가짐을 갖는 최고의 비법이 아닐까?

내 마음을 읽고 쓰는 시간

그러한 방법을 찾기 위해서는 자신의 감정을 기록하고 객관적으로 읽어보는 게 도움이 될 것이다. 힘들 때나 기쁠 때 솔직하게 자신의 감정을 기록해보자.

부정적인 감정을 적은 날에는 반드시 마지막에 "그래도 너는 잘하고 있어. 의기소침할 필요 없어. 힘든 하루는 지나가고 좋은 내일이 올 거야" 하는 위로와 희망의 한 줄 쓰기를 잊지 말자. 긍정적인 감정으로 가득 찬 날에는 자신에게 있었던 좋은 일이나 자신의 좋은 면을 떠올리며 "너 정말 잘했어. 너는 이런 부분에 큰 능력이 있어. 너의 장점을 잊지 마"라는 칭찬과 인정의 말로 채워나가자.

다른 사람이 내 글을 보지 않을 테니 부담을 내려놓고 자유롭게 적으면 된다. 처음에는 어색할 수 있겠지만 점차 감정을 정리하고 상황을 객관적으로 바라보는 자신을 발견하게 될 것이다.

글을 쓰는 시간 동안 자신을 용서하기도 하고 자신과 화해하기도 하면서 솔직한 자신과 만나보자. 그러한 만남의 시간이 쌓여갈수록 불안한 감정은 가라앉고 흔들림 없는 마음의 편안함을 찾을 수 있을 것이다.

오늘 하루는 혼자의 시간을 어떻게 보낼지 깊이 고민하고, 자신만의 방법으로 하루를 채워보자. 그렇게 하루하루를 채워나가다 보면 꽤 근사한 자신을 만날 수 있다. "오늘 하루 괜찮게 보냈구나"라고 생각되는 하루하루가 모여 건강하고 멋진 삶을 만들 것이다.

건강 일기

년 월 일 요일

■ 나의 건강 목표

올 해 (년) ......

이번 달 (월) ......

이번 주 (일 ~ 일) ......

■ 육체 건강을 위한 오늘의 노력

(운동, 스트레칭, 강아지와 산책하기, 금주 등 육체 건강을 위해 노력한 활동을 자유롭게 기록해보기)

1. ......

2. ......

3. ......

4. ......

5. ......

■ 정신 건강을 위한 오늘의 노력

(잠깐 눈감고 명상하기, 음악듣기, 책읽기 등 긍정적인 생각과 감정을 위해 노력한 활동을 자유롭게 기록해보기)

1. ......

2. ......

3. ......

4. ......

5. ......

7월

■ **육체 건강을 위한 내일의 다짐**

(육체 건강을 위한 오늘의 노력을 살펴보고 반성하고 보완할 점, 혹은 칭찬하고 유지할 활동 등을 자유롭게 기록해보기)

■ **정신 건강을 위한 내일의 다짐**

(정신 건강을 위한 오늘의 노력을 살펴보고 반성하고 보완할 점, 혹은 칭찬하고 유지할 활동 등을 자유롭게 기록해보기)

8월

혼자서도 시간을 잘 보내는 방법

여가와 안전

혼자 놀아도 외롭지 않은 삶

언제부터인가 '불금*'이란 단어가 사람들의 삶에 자리 잡았다. 주 5일제가 낳은 하나의 신조어가 아닐까 싶다. 토요일에 학교나 회사를 가지 않으니 한 주의 마지막인 금요일 밤을 전투적으로 불태워 놀아보자는 의미다. 토요일과 일요일 이틀 동안 충분히 휴식할 수 있는 시간이 보장되니 뒷일을 걱정할 필요가 없다. 지난주의 스트레스를 씻어내고 한 주를 즐겁게 마무리한다는 의미에서 '불금'이란 단어는 행복감을 준다.

그러나 정말 모든 사람들에게 그럴까? '불금 치킨', '불금 쇼핑', '불금 야구'……. 어디에나 붙는 '불금'이 조금씩 불편하게 느껴지는

★ '불타는 금요일'을 줄여 이르는 말로, 불이 타듯이 열렬하고 활기차게 보내는 금요일을 뜻한다(네이버국어사전).

사람은 정말 없을까? 누군가에게는 '불금'이란 단어가 '인싸★'를 위한 단어처럼 생각될지도 모른다. 이 단어는 '누군가와 함께' 시간을 보낸다는 의미가 전제된 것 같기 때문이다. '혼자 보내는 불금?' 어색하게 느껴지지 않는가?

철저한 '아싸★★'에게는 '불금'이 불편할 수도 있다. '불금'이 모든 이들의 일상에서 익숙할수록 왠지 '불금'을 보내지 못하는 자신이 못나 보일 수 있다. SNS 세상 속 사람들은 모두 핫플레이스**hot place**★★★에서 멋진 사람들과 행복한 시간을 보내고 있는 것 같다. 금요일 밤, 혹은 주말에 혼자 시간을 보내고 있는 자신과 비교하며 사람들의 상대적 박탈감은 커질 수밖에 없다.

SNS 속에서 환하게 웃음 짓는 그들에겐 마치 '외로움'이란 단어 자체가 존재하지 않는 듯하다. 정말 그럴까? 그 삶이 진실인지 아닌지는 화면 밖의 사람들 그 누구도 알 수 없다. 다만 그것을 보는 사람이 믿을지 말지를 선택할 수 있을 뿐이다.

남들에게 '보이기' 식의 거짓된 삶을 원하는 사람은 아마 없을 것이다. 남들이 SNS로 보내는 '좋아요'에 의미를 주고 싶은가? 당신

★ 각종 행사나 모임에 적극 참여하면서 사람들과 잘 어울려 지내는 사람. '인사이더(insider)'를 세게 발음하면서 다소 변형한 형태로 표기한 것이다(네이버국어사전).

★★ 인싸의 반대 개념으로 '아웃사이더(outsider)'를 발음하면서 다소 변형된 형태로 표기한 것이다(네이버국어사전).

★★★ '핫플'이라 줄여 사용하기도 하며, 사람들이 많이 모이는 인기 있는 장소를 뜻한다(네이버국어사전).

이 그렇게 '좋아요'를 갈망하고 '좋아요'를 받지 못한 것에 주눅 들고 가슴 아파할 만큼의 가치가 조그마한 하트 한 개에 담겨 있을까? '좋아요'를 누르는 사람들의 손끝에 과연 얼마만큼의 진심이 담겨 있을까? 스마트폰 속 그들의 삶은 화려하고 행복해보인다. 누구나 SNS만 들여다보고 있으면 자신의 삶은 초라하게 느낄 수밖에 없다. 왜 스스로 자존감을 깎아내리고 있는가? 남의 삶을 동경하지 말자. 당신은 당신답게, 그 자체로 충분히 아름다운 당신의 삶을 살면 된다. 세상과 타인의 잣대를 내려놓고 당신이 스스로 결정한 소중한 삶이 아니던가?

약속이 없는 주말, 혹은 생각지 못했던 의외의 자유시간이 주어진다면, 무엇을 하며 그 시간을 보내는가? 여가시간을 어떻게 보내야 할지 그것마저도 고민하고 있지는 않는가? 울리지 않는 핸드폰만 만지작거리며 대체 남들은 뭐하며 시간을 보내는지 들여다보고 있는가? 그렇다면 잠시 핸드폰을 내려두고 자신에게 아래의 질문들을 던져보면 좋겠다.

"당신이 좋아하는 것은 무엇인가요?"

"당신의 마음을 흔드는 것은 무엇인가요?"

"당신에게 지금 가장 필요한 것은 무엇인가요?"

"당신의 소중한 시간을 무엇으로 채우고 싶은가요?"

혼자 사는 삶의 최대 장점은 모든 것을 자신의 의지대로 할 수 있다는 것, 하루의 모든 순간을 자기 뜻대로 결정하고 만들어나갈 수 있다는 것이다. 먼저 자신에게 질문해보자.

"지금 이 순간, 오늘 이 하루를 어떻게 보내고 싶은가요?"

나는 혼자서도 잘 논다

힘든 주중을 보냈다면 주말만큼은 여유롭게 휴식을 취하며 체력을 회복하는 시간으로 채우면 되고, 무미건조한 직장 생활에 감성이 메말라가는 것만 같다면 도서관이나 서점에 가서 좋아하는 책을 실컷 읽을 수도 있다. 시집 한 권을 집어 들고 집 근처 공원을 걸어보는 것은 또 얼마나 근사한가! 이렇듯 자신만의 여가 패턴을 만들어가면 된다. 운동, 산책, 맛집 탐방도 좋고 원데이 클래스를 체험하는 것도 훌륭한 선택이다. 코인빨래방에서 빨래를 돌리며 여유롭게 음악을 듣거나 독서하는 계획도 더할 나위 없이 훌륭하다. 다른 사람의 눈치를 보지 않고 울고 웃으며 혼자 영화를 보는 시간도 매력적이다. 영화평론가마냥 마음껏 영화를 평가해도 자신의 무식함 따위는 걱정할 필요가 없다. 자신의 여가시간을 채워줄 누군가를 굳이 찾을 필요는 없다.

여가시간을 친구나 가족, 또는 연인과 함께 보내지 말라는 것이 아니다. 사랑하는 사람들과 함께하는 소중한 시간은 삶을 풍요롭게 살찌우고 아름답게 만든다. 그러나 함께할 사람이 없음을 고민하고 함께할 누군가가 반드시 있어야 하는 것처럼 매달리지는 말자. 행여 자신에게 걸려온 전화를 놓칠까 두려워 샤워를 하면서도 전화기를 챙길 필요는 없다. 혼자서도 잘 지내는 법을 배우는 것이 중요하다. 자신의 시간을 의미 있게 만들 수 있다는 경험을 통해 당신은 자신을 더 신뢰할 수 있을 것이다.

자신을 믿는 사람이야말로 자신의 삶을 충실하고 창조적으로 만들어갈 수 있고, 다른 사람에게도 더 많이 베풀고 나눌 수 있는 존재가 될 수 있다. 혼자서도 시간을 풍요롭게 보내는 법을 알게 되면 잠깐의 외로움을 달래려는 이기적인 목적이 아닌 상대에 대한 진실한 마음으로 인간관계를 맺기 때문이다.

혼자 살면 자신과 대화할 수 있는 시간이 상대적으로 더 풍부하다. 자신을 이해하고 탐구하는 시간이 많을수록 우리는 더 단단하고 흔들리지 않는 사람이 될 수 있다. 여가 시간을 자신과 소통하는 시간으로 만들어나가자. 소통할수록 자신이 알지 못했던 자신의 모습을 발견하고 다가갈 수 있으며 더 사랑할 수 있게 될 것이다. 여유로운 주말에 '나와의 데이트'를 즐겨보는 건 어떨까? '나와의 데이트'는 거창하지 않아도 된다. 데이트를 위해 미용실을 예약하지 않아도 되고, 무슨 옷을 입을지를 고민할 필요도 없다. 빠듯한 생활비와 데이트 비용을 걱정할 필요도 없다. 모든 것을 오로지 자신에게 맞추면 되니 이 얼마나 편하고 즐거운가!

여가 시간마다 반복되는 패턴을 만들어도 좋고, 그때그때 마음이 가는 대로 이것저것을 경험해도 좋다. 그 어떤 것이든 자신의 마음에 귀를 기울이고 자신을 소중히 대하면 된다. 장보기, 음식 준비, 청소, 세탁 등 미루던 집안일마저도 여가 활동으로 승화시킬 수 있다. 모든 것은 자신의 마음에 달려 있다. 귀찮고 힘든 집안일을 '노동'이 아닌 즐거운 '주말 이벤트'로 생각하는 순간, 여가 시간은 요리, 집 가꾸기, 인테리어 활동으로 충만해져 있을 것이다. 대신 해줄 사람이 없어서 '어쩔 수 없이 해야만 하는 집안일'보다는 '내가 좋아하는 취미생활'을 하고 있다는 생각만으로도 삶의 질은 한층 더 높아지지 않을까?

어떤 날은 작은 호사를 부려도 좋다. 요즘 말로 '플렉스Flex★'도 해보면 어떨까? 직장에서 좋지 않은 일이 있었거나 오랜만에 전화해서 자랑을 늘어놓는 친구에게 유치하게도 자격지심이 느껴질 때면 우울해진 마음을 위로하는 '나만의 파티'를 즐겨보자. 누구나 자

★ 요즘 1020세대에게 '돈을 쓰며 과시하다', '지르다'라는 뜻으로 사용되는 단어다(네이버 지식백과).

신의 삶이 더 힘들고 궁핍하게 여겨질 때가 있다. 남들은 누릴 것 다 누리고, 가질 것 다 가지고, 하고 싶은 거 다 하며 잘 살아가는 것 같은데, 죽어라 노력해도 나아지는 것 없는 자신의 삶에 지치는 그런 날이면 마치 불판 위에서 구워지는 오징어처럼 쪼그라들곤 한다. 이번 주가 그런 날들이었다면 다가오는 주말에는 평소 찜해두었던 브런치 카페를 예약하자. 최고의 귀빈으로서 자신을 대접해 보자. 그렇게 소중히 자신을 대접하고 나면 사랑받는 자신을 바라보는 마음에 조금은 여유가 생기고 상처받은 자존감도 조금은 나아지지 않을까?

혼자서도 잘 놀아야 하는 이유

사람들은 남에게는 관대하고 자신에게는 인색할 때가 많다. 있는 그대로의 자신을 받아들이고 소중히 대하는 것이 왜 그렇게 힘든지 모르겠다. 그 누구보다 열심히 하루하루를 살아가고 있는 자신에게 친절하지 않을 이유는 없는데도 말이다. 혼자 살아가는 자신의 모습을 의심해서도, 두려워해서도 안 된다. 이 힘든 세상에서 당신까지 스스로를 몰아치거나 탓하고 싶지는 않을 것이다.

자신만의 여가 패턴을 만들다보면 자신만의 취향을 찾아 가는 길이 보인다. 하나둘씩 여가 활동을 경험하다보면 자신이 어떻게 시간을 보낼 때 즐겁고 행복한지, 어떤 활동에 흥미를 느끼지 못하는지를 알 수 있다.

취향은 바라는 것을 찾아가는 동시에 멀리하고 싶은 것을 깨닫는 것이라 하지 않았던가! 소박하고 평범한 활동일지라도 오직 자신을 위하여 선택하고 즐길 때 삶은 빛나고 풍요로워질 것이다. 혼자 보내는 주말이라 할지라도 당신의 주말은 지루함이나 외로움 따위가 발붙일 틈이 없을 것이다.

자신을 행복하게 만들 수 있는 유일한 사람은 바로 자신이다. 자신 안에서 행복을 찾을 수 있다고 믿어보자. 그 믿음이 굳건하다면 반드시 행복은 찾아올 것이다. 남들보다 더 행복하기를 바라는 마음이 아닌, 그저 자신이 행복하기를 바라는 순수한 마음, 행복하리라 결심한 만큼 행복은 찾아온다.

"다가오는 주말, 당신의 선택은 무엇인가요?"

"왜 혼자 오셨어요"에 대처하는 우리의 자세

혼자살기를 처음 시작하고 맞이하는 첫 명절의 모습은 대부분 비슷한 것 같다. 치열한 열차 예매 전쟁을 거쳐 가족들의 걱정 소리를 명절 내내 듣고 나면 어느 덧 엄마가 싸주신 음식 가방들을 질질 끌며 자신만의 공간으로 돌아온다. 황금 같은 명절 연휴를 도둑맞은 듯한 느낌도 들지만 텅 비었던 냉장고가 엄마의 음식으로 채워진 것을 보고 있으면 마음 한 편이 따스해진다. 하지만 혼자살기 횟수가 쌓여갈수록 힘겨운 명절 대이동은 이런저런 이유로 자꾸 미뤄지곤 한다. 섭섭해 하는 부모님께는 죄송하지만 바쁜 일상에서 명절 연휴만큼은 지키고 싶은 마음 역시 어쩔 수 없다. 그렇게 명절 연휴는 혼자 사는 자신을 위한 힐링의 시간으로 대체된다.

누구나 그러하듯이 삶에는 휴식이 필요하다. 명절 연휴나 휴가 때 많은 사람은 자신에게 휴식을 선물한다. 매일 치열하게 살아가는 자신에게 잘 하고 있다고, 힘내서 내일도 열심히 살아가자고 응원을 보낸다. 혼자 사는 삶 역시 다르지 않을 것이다. 어쩌면 더 많은 응원이 필요할지도 모른다. "혼자 잘 살고 있어"라는 칭찬의 말보다는 "왜 혼자 살고 있어?"라는 걱정의 말을 더 자주 듣고 살기 때문이다.

나 홀로 여행, 떠나도 될까

혼자 사는 삶에 어느 정도 익숙해진 사람이라면 혼자만의 여행도 도전해볼 만하다. 이미 '혼행(혼자 떠나는 여행)'이 대세라고 한다. 혼행하기 좋은 도시, 혼행의 기술, 혼행 떠나기 좋은 여행 코스 등 많은 정보가 넘쳐난다. 혼캠(혼자 캠핑)도 좋고 혼등(혼자 등산), 혼캉스(혼자 바캉스)도 좋다. 다양한 선택지 중 마음에 드는 것을 골라잡아 떠나면 된다.

'혼밥(혼자 먹는 밥)'과 '혼술(혼자 마시는 술)'이란 단어가 더는 어색하지 않은 세상에 살고 있지만, 아직도 누군가에게는 혼자서 무언가를 하는 게 어색할 수 있다. 그런 이들에게 혼자 떠나는 여행은 마치 입고 싶지만 포기할 수밖에 없는 쇼윈도에 비친 옷과도 같다.

"다이어트에 성공하면 사야지"라며 언제나 눈도장만 찍는 그런 옷 말이다. 지금 이 순간에도 누군가는 "직장이 너무 바빠서 도저히 시간을 낼 수 없어", "난 외국어 실력이 부족해", "전세금도 올랐는데 여행은 무슨……", "혼자 여행하는 것은 너무 위험해" 등 이런저런 핑계로 여행하고 싶은 자신의 마음을 꾹꾹 누르며 살고 있는지 모른다. 하지만 살빼기를 기다리기보다는 한 치수 큰 옷을 사는 것이 더 현명한 선택 아닐까? 조금만 바꾸어 생각해보면 혼자 떠나는 여행의 매력은 혼영의 걱정들을 잠재울 만큼 무궁무진하다.

가족 또는 친구와 함께 여행을 가게 되면 브레이크가 걸리곤 한다. 누구는 이걸 먹고 싶은데 누구는 이게 먹기 싫고, 누구는 여기를 구경하고 싶은데 누구는 여기가 관심이 없고……. 투덜거리는 가족을 끌고 여행지를 돌아다니는 것은 맥 빠지는 일이다. 혼자 쉬겠다는 친구를 호텔방에 남겨두는 일 또한 마음 편한 선택은 아니다. 하지만 혼자 하는 여행은 그런 고민 따윈 없다. 동행자를 배려하고 신경 쓸 필요가 없기에 자신에게만 집중하고 자기 취향대로 즐길 수 있다. 마음 가는 대로 구경하고 가던 길을 멈추고 차 한 잔을 해도 된다. 한마디로 "무조건 내 마음대로!" 여행이다.

혼자 여행을 하다보면 편하게 인사를 건네 오는 여행자들과 즐거운 담소를 나눌 기회도 많다. 아무래도 일행이 있는 사람보다는 혼자인 사람에게 말을 건네는 것이 쉬운가보다. 여행길에서는 만남도 여행의 일부가 되는 것 같다. 여행이란 자신의 일상에서 완전히 벗어나 새로운 환경으로 들어가는 것이기에, 새로운 세상 속의 당신은 평소의 자신과는 달리 대범해지기도 하고 놀랄 만큼 사교적으로 변할 수도 있다.

행복한 혼행이 악몽으로 변하는 순간

여행지에서의 낯선 이방인, 자신의 이러한 새로운 모습이 생소하면서도 사랑스럽지 않은가? 혼자 열심히 살아가고 있는 자신에게 선물한 여행길, 용기를 내서 떠난 여행길에서 좋은 사람들과 나눈 짧은 대화도 좋은 추억으로 남을 것이다. 이렇듯 혼자만의 여행이 무지갯빛 해피엔딩으로 장식된다면 얼마나 좋을까? 하지만 삶은 인간에게 항상 친절하지만은 않은 법……. 누군가의 예상치 못한 질문이 훅하고 뒤통수에 꽂힐 수도 있다.

"왜 혼자 오셨어요?"

왜 그 사람들은 눈앞에 펼쳐진 아름다운 광경보다 혼자 여행 온 여행자의 사연이 더 궁금한 걸까? '여행은 누군가와 반드시 함께하는 것'이란 생각을 가진 사람들에게 한 여행자의 '혼행'은 신기하고 위태로워 보이는 것일까. 그들의 머릿속에는 막장 드라마보다 더 흥미진진한 사연에 대한 궁금증이 넘쳐나고 있을지도 모른다.

"어떻게 여행을 혼자 오지?"

"무슨 일을 하는 사람일까?"

"남편(아내)는 왜 같이 오지 않은 걸까?"

"무슨 사연이 있나?"

당신의 나이에 따라 그 궁금증은 더 심해지곤 한다. 젊은 사람들이 주로 하는 배낭여행은 누구나 인정하는 혼행의 형태이지만, 그 나이에서 벗어난 사람의 혼행은 상당히 드물고 어색한 일이기 때문이다. 인간은 모두 자신에게 주어진 각기 다른 삶을 살아가고 있는데 왜 자신이 알지 못하는 타인의 삶을 자신의 입장에서 판단하는 것일까? '이해'까지는 아니더라도 그냥 쿨 하게 '인정'하고 넘어갈 수 없는 것일까?

호기심 어린 눈빛과 질문에 지친 어떤 사람은 혼행을 아예 포기해버릴 수도 있다. 사람들의 단순한 호기심에 혼자 상처받고 혼자 우울해 하고 있는가? 사람들은 생각만큼 타인에게 관심이 없다는 것을 부디 기억하기 바란다. 아마도 그들은 여행이 끝나고 나면 혼행을 온 낯선 여행자를 기억하지 못할 것이다. 평생 다시 만날 일 없는 그들의 시선에서 자유로워지자. 음식은 1인 기준이지만 숙소는 2인 이상이 기준이라 싱글룸single room 추가요금까지 지불하면서 온 여행이 아닌가? 조금은 뻔뻔해지자. '눈치를 보지 않는다'는 것은 '타인을 배려하지 않는다'는 문제와는 별개다. '배려'는 하되 '눈치'는 보지 말자. 다른 사람들에게 피해를 주지 않는 것이라면 자신이 즐길 수 있는 행복을 포기할 이유가 없지 않을까? 한번뿐인 인생인데 남의 눈치까지 보며 사는 것은 억울하지 않은가?

삶은 혼자 떠나는 여행과 비슷하다. 삶은 '진정한 나'를 찾아가는 여정이며 그 여정을 찾는 것은 혼자의 몫이다. 안타깝게도 첫 혼행이 그리 좋은 기억으로 남지 못했더라도 두 번째 혼행을 포기하지 않았으면 좋겠다. 진정한 당신을 찾아가는 여정이 아직은 많이 남아 있다. 그 길이 때로는 유쾌하지 않더라도 그 길 너머에 있는 또 다른 여정이 궁금하지 않은가?

혼자 사는 두려움 이겨내기

이사를 하고 새집에서 맞는 첫날밤, 잠들지 못하고 뒤척인 적이 있는가? 이사하느라 힘을 써서 육체적으로 힘들기 때문일 수도 있겠지만, 새로운 공간이 주는 어색함에 누구나 쉽게 잠들지 못하는 것 같다. 침대에 누워 낯선 천장을 바라보면 어색함을 넘어 두려움이 커지기도 한다. 그러나 대부분의 사람은 어깨를 타고 느껴지는 배우자의 따스한 온기에, 또는 건넛방에서 들려오는 부모님의 코고는 소리에 조금씩 편안함을 느끼며 잠을 청하게 된다. 낯선 감정을 함께 나눌 가족이 곁에 있기에 그리 힘들지 않게 하루하루를 보내며 익숙해진다. 하지만 1인 가구는 오롯이 혼자 그 낯선 감정을 견뎌내야 한다. 이사의 낯설음이야 시간이 해결해준다지만 혼자가 주는 두려움은 어떻게 해야 할까? 특히 여성 1인 가구에게는 더욱 어려운 문제다.

'노원구 세 모녀 살인사건', '신당동 스토킹 살인사건' 등 온 사회를 떠들썩하게 했던 스토킹 사건들을 기억할 것이다. 스토킹 범죄 대상은 남성보다 여성 비율이 높은 것이 현실이다★. 과거에 비해 스토킹 범죄에 대한 사회적 관심이 더욱 높아지고 스토킹처벌법이 피해자를 위한 방향으로 개정되고 있지만 스토킹으로 상처받은 이들의 아픔은 고스란히 그들만의 몫으로 남는다. 끔찍한 스토킹 범죄를 당하면서 한 여성의 삶은 마치 작은 바람에도 흩어지는 모래처럼 산산이 조각조각 부서진다. 누구에게나 집은 세상에서 가장 편하고 안전한 공간이어야 한다. 그런 집이 두렵고 불안한 공간이 된다면 어떻게 살아갈 수 있을까? 안전하다고 느낄 수 없는 공간에서 홀로 매일 버텨나갈 수 있을까?

여성 1인 가구로 산다는 것

혼자 살고 있는 여성들이 '자신을 지키기' 위한 노력은 너무나 힘겹다. 남자친구나 남동생의 사진을 방에 걸어두고, 자신의 속옷 대

★ 연합뉴스 TV, <열 번 찍는다?'… 낭만이 아닌 스토킹 범죄일 뿐>, 2022년 10월 1일 방송. 스토킹처벌법이 시행된 10월 이후부터 2022년 8월까지 스토킹범죄 검거 가해자를 살펴보면 남성가해자수가 여성가해자수의 네 배를 웃도는 수치로 나타났다.

신 주인 없는 남성의 속옷을 창문 쪽에 잘 보이게 놓아둔다. 현관에는 적당히 낡은 남성의 신발도 잘 보이게 둔다. 언제 쓰일지 몰라 남자친구나 남동생에게 부탁해 "누구세요?"라는 목소리도 녹음해 둔다. 마땅한 가족이 없는 경우에는 용기를 내어 직장 남성 동료에게 부탁하기까지 한다. 이 모든 것이 "이 집에 남성도 살고 있다!"는 소리 없는 외침인 것이다.

지자체에서 지원하는 1인 가구 안심 장비*도 신청하고 늦은 밤 귀가를 위해 '안심이 애플리케이션'도 깔고 안심귀가지원서비스**도 신청한다. 택배 운송장에 있는 인적사항을 검은색 매직으로 칠하거나 아세톤으로 지운 후 가위로 잘라버리는 것은 기본이고, 택배 송장 지우개도 구입해 쓴다. 대부분의 택배는 집이 아닌 근처 편의점이나 회사로 받는다. 때론 개인정보 노출 위험이 없는 안심택배보관함***도 사용한다. 무거운 물건이어서 어쩔 수 없이 집으로 배송해야 하는 경우에는 남성으로 보일 만한 가명을 사용하기도 한다. 이처럼 여성 1인 가구에게는 택배 하나 받는 것도 쉬운 일

* 현관문 안전장치나 스마트초인종 등의 물품을 지원해주는 것으로, 서울시를 비롯해 다른 지자체에도 운영되고 있으니 지원 대상에 해당하는지 확인하고 신청할 수 있다(서울시1인가구포털, 경기도1인가구포털 등 참고).

** 늦은 밤 안전하게 귀가할 수 있도록 돕는 서비스로 서울시를 비롯해 다른 지자체에도 운영되고 있다.

*** 집에서 택배 물건을 받지 않기를 원하거나 부재중 택배를 받기 어려운 사람들을 위해 운영된다. 서울시를 비롯해 다른 지자체에도 운영되고 있으니 거주지 근처에 안심택배보관함이 있는지 검색해 사용할 수 있다.

이 아니다. 누구나 평범한 일상 속에서 찾을 수 있는 소소한 '언박싱 unboxing의 행복'이지만 여성 1인 가구에게는 그것마저도 쉽게 허락되지 않는다.

여성 1인 가구는 배달 강국인 대한민국에서 배달 음식조차 마음 놓고 시킬 수가 없다. 친구가 방문했을 때라면 모를까 배달 주문 애플리케이션 앞에서 한없이 작아진다. 1인 주문이 불가능해서가 아니다. '1인분 주문' 메뉴도 있지만, 여성 1인 가구는 낯선 사람에게 절대 '내가 혼자 산다'는 것을 알릴 수 없기 때문이다. 그러나 집 안에 비상식품 하나 없고 몸까지 아픈 날이면 혼자 사는 여성들도 어쩔 수가 없다. 2인분을 시키며 상세주소를 생략한 채 "건물 현관에서 전화주세요"라는 메모를 남긴다. 건물 현관에서 음식을 받으며 "개가 너무 사나워서요.", "아기가 예민해서요"라며 자신은 절대 혼자 살고 있지 않다는 거짓 변명을 잊지 않는다.

여성 1인 가구에게는 환기와 채광에 좋은 큰 창문도 무용지물이 되곤 한다. 큰 창문 너머의 멋진 뷰에 반해 이사한 집에서도 항상 커튼을 치고 살아야 하니 말이다. 암막커튼은 햇빛을 가리기 위해서가 아니라 자신의 집을 몰래 지켜보는 '혹시 모르는 누군가'를 피하기 위해서다. 환기도 낮에만 하고 아무리 더워도 잠들 때는 창문을 모두 걸어 잠근다. 창문 위아래로 잠금장치도 추가로 설치해둔다. 현관문 근처에는 분리수거함에서 주워온 골프채가 떡 하니 버

티고 있다. 여성 1인 가구는 꿈꾸었던 스위트 홈sweet home의 로망을 접은 채 마치 '내 집에 내가 살고 있지 않아요'를 매일 증명하며 살아가는 것 같다.

하지만 두려움에 떨고 있을 수만은 없지 않은가? 두렵지만 맞서자. 할 수 있는 것은 다 하고 자신만의 튼튼한 성벽을 점검하자. 당신도 잔 다르크Jeanne d'Arc처럼 강인해질 수 있다. '사람은 모두 때가 되면 결혼하고 아이를 낳는 것이 맞다'는 세상의 통념에 장렬하게 맞서 싸우고 있는 잔 다르크가 아닌가?

혼자이기에 감당해야 하는 일들

혼자 사는 여성만큼은 아닐지라도, 혼자 사는 삶을 선택한 사람들은 모두 혼자이기에 견뎌야 하는 불편함과 불안함이 있다. 환기를 위해 열어둔 창문을 깜박 잊고 출근한 날이면 하루 종일 창문 생각이 머릿속에서 떠나질 않는다. 비라도 오면 더욱 조급해진다. 창문으로 들이친 빗물에 빨래가 젖거나 바닥이 엉망이 될까봐 하루 종일 일이 손에 잡히지 않는다. 가스밸브나 창문 단속을 대신해줄 수 있는 사람은 기대할 수 없기에 창문을 닫았는지, 가스밸브는 잠갔는지, 욕실불은 끄고 나왔는지 스스로 확인하고 또 확인해야 한다. 수도나 보일러, 인터넷에 문제가 생겨 서비스 기사가 방문하는 날도 걱정이다. 방문 시간에 맞춰 집에 있어야 하니 소중한 반차나 연차를 날릴 수밖에 없다.

이사를 위해 집을 보여주는 것도 보통 일이 아니다. 다른 세입자를 빨리 구해야 하기에 "퇴근 후나 주말에만 보여줄 수 있다"고 당당히 말할 입장도 못 된다. 그렇다고 부동산에 현관 비밀번호를 알려주자니 그 또한 걱정이 한두 가지가 아니다. 야근이 있는 날이면 항상 거실 등을 켜놓고 나온다. 빈집인지 아닌지 누가 확인할 수 없도록 초인종 소리도 꺼놓고 지낸다. 규칙적으로 현관문 도어락의 키패드를 잘 닦아서 남아 있는 지문도 꼼꼼히 지운다. 집을 나설 때마다 초인종이나 우편함, 현관문 근처에 정체 모를 표시가 있는지 살피는 버릇도 생겼다. 우편함을 자주 비우는 것도 기본이다. 주말 빼고는 항상 빈집인 '내 집을 지키기 위한 규칙'이 생긴 것이다.

1인 가구는 휴가나 명절 연휴 때와 같이 장기간 집을 비워야 할 때 더욱 걱정이 커진다. 혼자 살고 있기에 혼자 결정하고 혼자의 일정만 조절하면 언제든지 훨훨 여행을 떠날 수도 있지만, 텅 빌 집이 언제나 걱정이다. 하지만 이런 걱정도 한 해 두 해 시간이 지나면 조금씩 흐려지지 않을까? 불안에 대비하는 자기 나름의 비법이 생기고 불안한 마음에도 굳은살이 생길 것이다. 다른 누구도 아닌 자신만이 자신을 지킬 수 있다는 당연한 진실을 온전히 받아들이는 순간, 당신은 당신만의 세계를 지켜나가는 히어로가 될 것이다. 그러니 지금 끝없이 피어오르는 걱정은 접어두고 당신이 할 수 있는 방어에만 최선을 다해보자.

인생은 동전과 같아서 언제나 양면이 존재하는 것 같다. 혼자 사는 삶에서 얻은 최대의 행복은 자신만의 쉼터와 자유로움일 것이다. 그렇기에 이에 대한 대가는 자신의 행복을 스스로 지켜내야 한다는 것이 아닐까? 술 취한 이웃이 실수로 당신의 도어락을 누른 어느 날 새벽, 당신은 잠에서 깨어 놀란 가슴을 쓸어내리고 있을지 모른다. 이런 날이면 "남들은 혼자서도 잘만 사는 것 같은데 왜 내게만 이런 일이 생길까?"라는 생각에 불안하고 서글퍼질 것이다. 지친 몸으로 들어온 집 안의 공기가 유난히 싸늘하게 느껴진 어느 저녁, 자신을 반기는 것은 현관 센서등뿐이란 쓸쓸한 생각에 쓴웃음이 흘러나올 수도 있다. 하지만 자신의 공간을 지켜나갈 사람은 자신뿐이다. 불안해 하지 말자. 당신에게는 그 공간을 지켜낼 힘이 있다. 그 힘을 믿으면 된다.

이것만은 잊지 마세요! 집을 떠나기 전 안전 체크 리스트

- 거주지 관할지구대 또는 파출소로 문의하여 빈집사전신고제★를 등록할 수 있는지 알아보자. □
- 정기적으로 배달 받는 것이 있다면 중지하자. □
- SNS에 휴가 정보를 올리지 말자. □
- 여행이나 출장으로 집을 비울 때는 가족이나 친구에게 일정을 알리자. □
- 현관문에 있는 우유 투입구는 반드시 막자. □
- 창문도 완벽하게 잠그자. 방범창살을 믿고 창문을 열어두는 실수는 NO! □
- 초인종은 무음으로 설정하자. □
- 도어락 비밀번호를 바꾸자. □
- 현관문 외시경을 막자. 외부에서 내부를 파악하는 데 사용되기도 한다. □
- 우편함 자물쇠를 달아두자. □
- 차량을 가지고 가지 않을 경우, 주차 장소가 타인에게 방해가 되지 않는지 확인하자. 당신의 차가 이웃의 이삿날을 악몽으로 바꾸면 안 되니 말이다. □
- 차량을 가지고 갈 경우, 친구나 이웃에게 부탁해 하루 이틀은 차량을 주차시켜 놓도록 부탁하자. 거주자 우선주차제를 실시하고 있다면 빈집 여부가 쉽게 드러나니 주의를 기울여야 한다. □
- 보일러 예약 기능을 설정해놓자. 여름에는 습기와 곰팡이, 겨울에는 보일러 동파를 예방할 수 있다. □
- 냉장고를 제외한 모든 전자제품의 코드는 모두 뽑아두자. □
- 가전제품의 예약 기능을 활용하자. TV나 조명제품 등을 일정 시간마다 작동하면 '빈집'이라는 인상을 피할 수 있다. □

★ 빈집사전신고제는 해당지역순찰과 보안을 강화해 빈집털이 범죄를 예방하는 제도다. 거주지 관할지구대 또는 파출소에 따라 제도이용 여부가 상이하니 문의한 후 신청하면 된다.

9월

혼자서도 잘 먹고 잘사는 노하우

음식

"혼자 살아도 집밥은 먹어요"

"혼자 살면서 뭔 음식물 쓰레기가 그렇게 많이 나와요?"

이웃이 던진 말 한 마디가 가슴을 먹먹하게 만드는 날이 있다. 누군가는 세상을 살아가면서 들을 수 있는 흔한 이웃 간의 대화일 수도 있겠지만 1인 가구에게는 유난히 거슬릴 때가 있다. "혼자 살면 물만 먹고 사나요?"라고 시원하게 쏘아붙이고 싶지만, 아마도 당신은 그냥 피식 웃으며 돌아와 애꿎은 현관문만 '꽝' 하고 닫아버렸을지 모른다. 짜증나고 속상한 기분을 표현하고 싶은 마음이야 굴뚝같지만, 그 뒤에 생길 불편한 상황이 더 끔찍해서 말을 아끼게 된다.

누구나 자신의 솔직한 감정을 표현할 자유가 있건만, 1인 가구라는 이유만으로 솔직하게 말하면 그 결과 돌아오는 말은 "저렇게 까

칠하니 혼자 살지……" 라는 어이없는 반응이 대부분이기 때문이다.

혼자 살아도 장을 봐서 밥을 해먹기 때문에 음식물 쓰레기가 나오는 것은 당연한 일인데, "혼자 살면서……"라고 시작되는 많은 말들이 혼자 사는 사람들에게 적지 않은 스트레스를 준다는 걸 세상은 왜 몰라주는 것일까? 직장 회식 자리에서 "혼자 사니까 늦게 가도 되지?"라는 무언의 압박에서부터 "혼자 사니 집밥이 그립겠네" 하며 바라보는 측은한 눈빛까지, "혼자 살면서……"의 레퍼토리는 정말 다양하다.

사람들은 왜 혼자 산다고 하면 매번 끼니를 적당히 때운다고 생각하는 걸까? 혼밥★이지만 근사한 한 끼를 먹을 수도 있다. 더하지도 덜하지도 않게 먹고사는 문제는 모두에게 중요하다. 한적한 여행지의 어느 음식점에서 혼자 식사한 경험이 있는가? 그런 경험은 결코 서글픈 혼밥의 느낌이 아니다. 오히려 여유롭고 낭만적인 느낌에 가깝다.

그런데 1인 가구의 식사는 '간단히 만들어진 슬프도록 초라한 밥상'이란 이미지에서 어째서 벗어나지 못하는 걸까? 혼밥이라고 해서 항상 외롭고 쓸쓸한 것은 아닌데 말이다. '프로 혼밥러(혼자서 밥을 잘 먹는 사람)'라는 말도 있지 않는가? 혼밥이 외롭고 힘든 사람도 있지만 혼자 먹는 한 끼가 함께하는 한 끼보다 편하고 행복한 사

★ 혼자서 먹는 밥 또는 그런 행위를 뜻한다(네이버국어사전).

람도 있다. 하루 종일 날선 잔소리를 해대는 상사를 피해 혼자 먹는 점심식사야말로 가장 행복한 혼밥이 아닐까?

혼자 살아가면서 매일 제대로 된 음식을 만들어 먹기란 쉽지 않다. 매번 근사한 한 끼를 자신에게 대접할 시간적·정신적 여유도 부족한 것이 사실이다. '밥은 밥솥이 한다'는 믿음에 배반당해 삼층밥을 먹어야 할 때도 있고 언제 구입했는지 기억도 나지 않는 상한 반찬을 먹다 배탈이 날 수도 있다. 배달 음식과 밀키트**Meal kit**★에 의존하며 지낸 시절도 있을 것이다. 하지만 모든 1인 가구가 다 그렇지는 않을 것이다. 모든 주부가 누구나 부러운 요리 실력을 가진 것은 아니지 않는가? 배달 음식과 밀키트가 필수 항목인 주부도 있고, 김장까지 거뜬히 해내는 1인 가구도 있다. 모든 것은 개인의 취향이고 선택이다.

'집밥'이라고 하면 엄마가 차려주신 정성 어린 한 상이 떠오른다. 누구나 그렇지 않을까? 갓 지어낸 밥과 새로 끓인 국, 그리고 정갈한 엄마표 밑반찬, 여기에 생선구이나 계란말이까지 있으면 누구도 부럽지 않은 밥상이 된다.

'집밥'의 의미를 찾아보면 '집에서 지은 밥이나 집에서 끼니로 먹는 밥'이다. 반드시 '엄마가 차려주신 밥'만을 말하는 것이 아니다.

★ 식사를 뜻하는 '밀(meal)'과 세트라는 의미의 '키트(kit)'가 합쳐진 단어로 요리에 필요한 손질된 식재료와 딱 맞는 양의 양념, 조리법을 세트로 구성해 제공하는 제품으로 쿠킹 박스, 레시피 박스라고도 한다(네이버국어사전).

그러니 1인 가구도 충분히 '집밥'을 먹고 사는 것이다. 물론 대기업에서 만든 즉석밥이나 간편국을 전자레인지에 데워 차릴 때도 있고 마트 이모님의 밑반찬이 애용되기도 하지만, 집에서 끼니를 직접 준비해서 먹으니 당연히 집밥이지 않을까? 바쁜 현대인의 생활에 이 정도의 융통성은 발휘하며 살아야 하지 않을까?

이제는 '혼자'라는 이유만으로 식당에서 문전박대를 받는 세상은 아니다. 주위에서 흔히 들을 수 있는 '혼밥러(혼자서 밥을 먹는 사람), 혼밥족(혼자서 밥을 먹는 사람 또는 그런 무리)'이라는 신조어가 말해주듯이 1인용 메뉴도 많아졌고, 1인용 식탁이 준비되어 있는 식당도 많아졌다. 하지만 사람이 붐비는 시간대나 대기 손님이 긴 맛집에서는 혼자 테이블을 차지하는 게 눈치가 보인다. 메뉴판에 떡 하니 적힌 "2인부터 주문 가능"이란 문구도 1인 가구에게는 여전히 아픔이자 차별로 다가온다. 혼밥에 적합한 햄버거 가게가 바로 집 앞에 있건만 유독 2인분부터 주문 가능한 감자탕이 절실한 어느 날, 자신의 입맛을 탓하며 즉석국에 만족해야 할 때도 있을 것이다.

혼자 사는 데는 근사하고 당당한 모습만 있는 것이 결코 아니다. 언제나 주체적·독립적으로 자신의 삶을 책임지는 그런 모습이고 싶지만, 현실에서는 나약해지고 상처받을 때가 생기곤 한다. '혼자'라는 이유만으로 세상 앞에서 초라해지는 어이없는 순간을 만나는 것이다. "결혼을 하고 자식을 낳아봐야 철이 든다"는 세상의 일방적인 논리 앞에서는 영원히 철부지일 수밖에 없지만, 자신의 밥상만은 스스로 당당하게 책임지고 살아가자. 장을 보다가 마트에서 만난 앞집 아주머니가 "뭘 이렇게 많이 샀어? 혼자 살면서 별걸 다 해 먹네?"라고 말해도, "몇 명이세요?"라고 묻는 식당 종업원의 말에도 상처받거나 움츠려들 필요가 없다. 누구에게나 공평한 삼시세끼 앞에서만큼은 기죽지 말자. 잘 먹어야 배짱도 두둑하게 키울 수 있다.

오늘도 혼자 먹을 음식을 위해 혼자 장을 보고 요리를 하는 당신이라면 눈치 보지 말고 망설이지 않고 이렇게 당당하게 말했으면 좋겠다.

"혼자 살아도 집밥은 먹어요!"

건강한 혼밥을 위한 식재료 알뜰 손질 보관법

■ **양파**

양파는 물기가 생기고 물러지기 시작하면 곰팡이가 생기기도 쉽다. 사용량이 많은 가족이라면 모를까 1인 가구에게 실온 보관법은 무리다. 그러니 냉장 보관하자. 구입 즉시 꼭지를 자르고 껍질을 벗긴다. 특히 자른 꼭지 부분에서 나오는 수분을 잘 닦은 후 랩이나 호일로 감싸준 다음 지퍼백에 넣어 냉장고 야채 칸에 보관하면 된다. 냉동 보관도 가능하다. 양파를 깨끗이 씻은 후 용도에 맞게 썰어 밀폐용기에 소분하여 담아 냉동하면 된다. 가장 장기간 보관할 수는 있으나 식감이 변할 수 있다.

■ **대파**

뿌리를 자르고 잘 씻은 후 채반에 받쳐 공기 중에 건조한다. 남은 물기는 키친타월로 꼼꼼히 제거한다. 흰색 부분과 녹색 부분을 나누어 적당한 길이로 잘라 밀폐용기에 보관한다. 보관용기에 키친타월을 깔아 보관 시 발생하는 수분을 없애주는 것이 중요하다. 당장 사용할 분량은 용도에 따라(어슷썰기/송송썰기 등) 썰어서 보관하면 요리 시 바로 사용할 수 있어 편리하다.

■ **마늘**

한식을 즐기는 사람이라면 다진마늘은 필수다. 다진 마늘을 소량씩 구입하면 편리하나 비용적인 면을 생각한다면 깐마늘을 사서 손질하는 것이 좋다. 깐마늘을 잘 씻어 물기를 제거한 후 다진다. 작은 용기가 많다면 소분하여 냉동한 후 필요시 하나씩 냉장실에 내려 해동 후 사용하면 된다. 만약 작은 용기가 없다면 지퍼백에 다진 마늘을 펼쳐 넣은 후 칼등으로 모양을 내준 후 냉동 보관한다. 칼등으로 모양을 내주면 얼린 상태에서도 조각조각 잘 떨어져 필요할 때마다 꺼내서 쓰기 좋다. 만약 얼음틀이 있다면 얼음틀을 활용해도 편리하다.

■ **콩나물**

아무리 작은 포장을 사도 한 번에 사용하지 못할 경우가 생긴다. 사용하고 남은 콩나물은 잘 씻은 후 밀폐용기에 넣어 콩나물이 잠길 만큼 찬물을 부어 보관한다. 봉

지째 넣어두는 것보다 훨씬 신선하고 오래 보관할 수 있다. 이틀에 한 번씩 물을 갈아주는 것도 잊지 말자.

■ **두부**

두부만큼 가성비 좋은 단백질 음식이 있을까? 하지만 언제나 두부통에 담긴 상한 두부 반 모가 냉장고 한 귀퉁이에서 발견되곤 한다. 이제부턴 알뜰히 먹어보자. 밀폐용기에 소금을 녹여(1/3 티스푼) 소금물을 만든 후 남은 두부를 담고 두부가 충분히 잠길 정도로 물을 부어준다. 가능한 빨리 사용하되 오래 보관 시에는 이틀에 한 번씩 소금물을 갈아주는 것도 잊지 말자.
1+1으로 구입한 두부가 걱정된다면 냉동 보관도 도전해보자. 통으로 얼려도 되지만 먹기 좋은 크기로 잘라 표면 물기를 제거한 후 밀폐용기나 지퍼백에 담아 얼리는 것을 추천한다. 단 열려지는 과정에서 두부 표면의 구멍으로 수분이 빠지므로 식감은 냉장 두부와 달라진다.

■ **식빵**

구입 후 실온에서 보관하며 먹다가 유통기한이 임박해지면 냉동실에 넣는 경우가 많다. 그러나 실온에 오래두는 동안 수분이 모두 빠져 딱딱해지고 냉동실에서 수분을 더 빼앗겨 푸석하고 딱딱해지기만 한다. 구입 즉시 냉동 보관한 후 꺼내 먹는 것이 촉촉한 식빵을 먹는 방법이다.

■ **통조림**

작은 용량을 사용하여 남기지 않는 것이 최선이겠지만 남는 경우를 피할 수 없다. 통조림의 유통기한이 길다고 해서 먹다 남은 통조림 역시 그럴 것이란 생각은 금물이다. 남은 경우 반드시 다른 그릇에 옮겨 보관해야 한다. 캔은 산소와 결합하는 순간 부식이 시작되어 음식이 금속에 오염될 수 있다. 또한 개봉 후 바로 옮겨 담아 냉장 보관을 하더라도 공기와 접촉되면서 세균이 증식할 가능성이 커지기 때문에 가능한 빨리 먹어야 한다.

잘 챙겨 먹기 위한 살림의 지혜

삶을 살아가는 것은 누구에게나 새로운 도전이다. 인간은 누구나 매일 크고 작은 새로운 도전들을 마주하게 되고, 그 과정에서 배우고 해결하면서 성장한다.

요리도 그런 것 같다. 요리를 직접 해먹기 시작하면 배울 것이 점점 많아진다. 검색만 하면 다양한 정보를 손쉽게 얻을 수 있는 세상에 살고 있지만, 매번 검색하고 공부하는 것도 말처럼 쉬운 일은 아니다. 남은 식재료는 어떻게 보관해야 오래가는지, 냉장고 하나면 '만사 오케이'라 생각했는데 왜 어떤 식재료는 냉장 보관이 아닌 실온 보관을 해야 하는지 등 알아야 할 것이 한두 가지가 아니다.

"한소끔 끓인다"에서 '한소끔'의 의미가 무엇인지, "뭉근한 불"은 대체 어느 정도의 불 세기인지 한국말인데도 도통 이해할 수 없었던 경험이 있는가? 당황스러운 순간들이지만 이러한 고비는 성장의 기회가 되어준다. 하나씩 문제를 해결해나가다 보면 어느 순간 근사한 밥상을 차려낼 수 있는 경지에 이르게 된다. 이게 바로 시간과 노력의 힘이 아닐까?

요리는 장보기에서 시작해서 음식물 쓰레기를 처리하는 것까지 모두 포함된다. 요리를 좋아한다는 사람들 중에는 정말 '요리만' 좋아하는 사람들이 있다. 혹시 당신도 요리는 즐겁지만 장보기는 귀찮고, 냄새나는 음식물 쓰레기를 버리는 것도 끔찍하게 싫은가? 그렇다면 요리도 다시 생각해보자. 대신 장을 봐주고 식재료를 손질하고 음식물쓰레기까지 깔끔하게 처리해줄 사람은 지금 당신 옆에 없으니 말이다.

식재료를 낭비 없이 관리하는 것은 만만한 일이 아니다. 냉장고 관리 애플리케이션★도 깔고 나름대로 알뜰히 관리해보려 해도 먹는 것보다 버리는 것이 많을 때가 대부분이니 장을 볼 때 언제나 고민하게 된다. "비싸더라도 먹을 만큼의 소량만 살 것인가? 아니면 대량을 싸게 사서 남겨 버릴 것인가?"는 언제나 1인 가구에게는 풀기 어려운 난제다. 그래도 식재료는 나름의 해결방안이 있다. 조금 비싸지만 소량으로 손질된 것을 구입하면 된다. 싸다고 대용량을

★ 냉장고 속 음식들의 유통기한을 관리해주는 애플리케이션이다. 유통기한이 임박하면 알림으로 알려주기도 하고 레시피를 제공하기도 한다.

구입하면 저렴한 구입비용만큼 음식물 쓰레기 봉투비용이 들어갈 수도 있으니 차라리 조금 비싼 소량을 구입하는 것이 더 현명한 선택일 수도 있다.

문제는 음식물 쓰레기다. 특히 여름에는 한두 시간만 지나도 벌레가 들끓고 악취가 나니 답이 없다. 어쩔 수 없이 쓰레기가 나올 때마다 냉동실에 얼리기 시작한다. "얼리면 병균도 얼어서 괜찮아"라는 믿기 어려운 친구의 말을 위로삼지만, 음식과 쓰레기를 함께 넣어놓기란 여간 찝찝한 일이 아니다. 자신의 의지와는 상관없이 이미 냉동실은 음식물 쓰레기통으로 전락한다. 하지만 1인 가구가 편리한 냉동식품을 포기할 수는 없지 않은가? 그렇다고 고가의 음식물처리기를 사는 것 또한 1인 가구에게는 쉽지 않은 선택일 것이다.

혼자 살기에 이력이 붙을수록 자신만의 식생활 패턴이 만들어진다. 쉽게 말하면 '한 끼를 잘 때우는(?) 나만의 비법'이 생기는 것이다. 한 해 두 해 이력이 쌓일수록 좋아하는 음식점 영업시간은 물론 휴일을 아는 것은 기본이고 웬만한 편의점 도시락 메뉴는 통달하게 된다. 당신은 이미 동네 반찬집에서 판매하는 요일별 반찬 종류와 세일 시간은 물론 어느 온라인마트가 도시락과 반찬이 저렴한지도 꿰뚫고 있는지 모른다. 이 정도쯤 되면 허기진 배를 움켜잡은 채 배달 주문 애플리케이션을 붙잡고 고민할 필요는 없을 것이다. 직접 요리를 하는 사람이라면 동네 작은 마트에서부터 대형마트, 온라인 마트까지 자신만의 장보기 방식도 가지고 있을 것이다. 처음에는 실수도 많았겠지만 시간이 지날수록 식재료에 따라 언제, 어디에서 구입하는 것이 좋은지를 알게 된다. 이게 바로 경험이 주는 선물이 아닐까 싶다.

요리를 좋아하는 사람에게도 매일 퇴근 후 지친 몸으로 저녁식사를 준비하는 것은 힘든 일이다. 그렇다고 외식이나 배달 음식에 의존하기엔 자신의 몸에게 너무 미안해진다. 오늘 무엇을 먹었느냐에 따라 내일의 건강이 좌우되기에 소홀히 할 수 없다. 혼자 산다는 이유만으로 명을 단축할 수는 없는 노릇이니 말이다. 아마도 쉽지 않은 과정임에도 직접 요리를 하는 가장 큰 이유는 건강이 아닐까 싶다.

여유로운 저녁시간을 보내고 싶다면 주말을 활용해보자. 주말 동안 다음 주 식사 준비를 미리 해두면 다가오는 일주일이 훨씬 행복해질 것이다. 물론 반찬이나 도시락을 정기 배송하는 방법도 있겠지만 직접 마련하고자 한다면 '밀프렙**meal prep**'★ 에 도전해보는 것은 어떨까? 요즘에 '밀프렙족(밀프렙을 하는 사람들을 일컫는 말)'이란 용어까지 등장했다. SNS나 유튜브에 넘쳐나는 밀프렙 관련 영상만 보더라도 밀프렙에 대한 사람들의 관심을 짐작할 수 있을 것이다.

★ 일주일 또는 정해진 기간의 식사를 한 번에 미리 준비하는 것으로 '식사'를 뜻하는 'Meal'과 '준비'를 뜻하는 'Preparation'의 합성어다.

식단을 엄격하게 조절해야 하는 보디빌더들의 방식에서 시작된 만큼 건강한 재료로 건강도 챙기고 하루가 다르게 오르는 점심값도 아낄 수 있으니, 이게 바로 밀프렙의 마법이 아닐까?

혼자 살면서 장을 보고 요리하는 시간은 당신에게 어떤 의미인가? 굶어 죽지 않으려고 할 수 없이 장바구니를 들고 집을 나서는가? 아니면 즐거운 주말 나들이처럼 장보기를 마음껏 즐기며 자신이 좋아하는 것들로 가득한 장바구니를 바라보는 것만으로 행복한가? 식상한 말처럼 들리겠지만 행복은 먼 곳에 있지 않다. 스스로 찾으려고만 한다면 손에 쥐어진 장바구니 속에도 행복은 넘쳐날 것이다. 좋아하는 음악을 들으며 다음 주를 위한 자신만의 밀프렙을 준비하는 당신의 손끝에는 행복이 묻어나온다.

행복한 장보기에 나선 당신을 위한 식재료 구입 전략

1. 배고프면 무엇이든 다 맛있어 보이는 법! 배가 든든할 때 장을 봐야 과소비를 막을 수 있다. 배를 든든히 채운 후 장보기에 나서자.
2. 장보기 리스트를 만드는 것은 기본 중의 기본! 필요한 식재료가 있을 때마다 메모하는 습관을 키우자. 장보기 전 냉장고에 남아 있는 식재료를 파악하고 필요 없는 것이 기록된 것은 아닌지 다시 한 번 리스트를 점검하자.
3. 남아 있는 식재료와 응용 가능한 새로운 재료를 구입하자. 다음 주 식단을 미리 계획한다면 응용 가능한 재료를 쉽게 파악할 수 있으니 식단짜기도 도전해보자.
4. 쇼핑 리스트가 인스턴트 음식으로만 가득 찬 것은 아닌지 스스로 체크하자.

건강을 위해 자신만의 기준(예: 식재료 쇼핑 품목의 1/3은 절대 넘지 않기)을 세워 지켜나가자.

5. 식재료에 따른 온라인과 오프라인 가격차를 확인하고 구매하자.

6. 대부분의 마트는 주말에 할인을 많이 한다. 가능하다면 마트 할인 일정에 맞춰 규칙적으로 장보기 요일을 정하자.

7. 품목별 할인시간을 적극 활용하자. 생선류나 채소류 등을 파격 할인하는 할인 시간대까지 활용한다면 더욱 알뜰한 장보기가 가능하다.

8. 알뜰하게 구입하는 것도 중요하지만 알뜰하게 사용하는 것도 필수! 일주일에 한 번 혹은 한 달에 한 번 날을 정해 냉장고 속 남은 재료를 소비하자.

9. 식재료는 구입 즉시 손질하여 소량으로 나누어 보관하자. 식재료에 따라 냉장보관을 할지 냉동 보관을 할지 잘 선택하여 보관하면 식재료 낭비를 막을 수 있다.

10. 장 본 후 구입 리스트를 정리하자. 이것이 힘들다면 영수증을 냉장고에 붙여두자. 구입한 식재료 품목 확인은 물론 구입날짜, 구입가격 등을 알 수 있어 식재료 관리에 좋은 방법이다.

'밥 한번 먹어요'의 의미

"다음에 밥 한번 먹어요."

사람들을 만나고 헤어질 때면 열 번 중 아홉 번쯤은 하는 말인 것 같다. 거의 습관적으로 건네는 인사다. 유독 '밥정'이 깊은 한국 사람들이라 그런지 밥 먹자는 인사만큼 편안하고 자연스러운 인사가 없다. 그 말이 정말 밥을 먹자는 약속이 아닐 때도 많지만 말을 하는 이도, 듣는 이도 정말 밥을 먹자는 건지, 그냥 하는 인사말인지 기가 막히게 안다. 하지만 어떤 날은 "밥 먹자"는 이 빈 말이 반가울 때가 있다. 유독 힘들고 외로운 날, 누군가가 미소와 함께 "밥 한번 먹어요"하고 말을 건네면 이상하게 힘이 되곤 한다. 아마도 밥은 사람과 사람사이를 연결해주는 능력이 있나 보다.

'식구食口'라는 말은 '함께 밥 먹는 입'을 뜻한다. 이 말의 의미처럼 한국인에게는 한 집에 살면서 끼니를 같이하는 사람이 가족이 되는 것 같다. 이렇듯 '함께 밥을 먹는다'의 의미가 남다른 민족이다 보니, 혼자 산다고 하면 "그럼 식사는 어떻게 해? 직접 해먹어? 아니면 다 사먹어?", "배달 음식 먹겠구나? 배달 음식으로 때우고 그러면 안 되는데……. 그래도 혼자 해먹기는 힘들지?"라며 부담스러울 만큼 많은 질문이 쏟아지곤 한다. 그런 부담스러운 걱정 덕에 회식 자리에서 따로 음식을 포장해 건네주는 따스한 상사도 있고, 간식거리를 몰래 챙겨주는 알뜰한 동료도 있다. 가끔은 자신의 취향과 의사가 무시되는 경우도 있지만 그 배려가 그리 싫지 않다.

누군가와 함께 밥을 먹기보다 혼자 먹는 횟수가 더 많은 1인 가구라 해도 인간관계에 대한 노력마저 소홀하지 않았으면 좋겠다. 혼자 사는 삶이라 해도 더불어 사는 삶은 필요하다. 인간은 고독한 존재인 동시에 사회적인 존재라고 하지 않는가? 누구나 자신에게만 집중할 수 있는 혼자만의 시간이 필요한 동시에 누군가와의 밀접한 관계 역시 필요하다. '혼자'와 '함께'의 균형을 맞추는 사람이야말로 진정 성숙한 사람일 것이다. 혼자만의 시간 동안 자기 내면을 객관적으로 들여다보았다면 함께하는 시간을 통해 타인의 모습에서 장점을 배우며 자기성장의 시간을 가질 수 있으니 말이다. 더 성숙한 자신을 위해, '더 나은 내'가 되기 위해 건강한 관계 맺기에 최선을 다하자.

소통에 서툴다고 걱정할 필요는 없다. 소통에서 중요한 것은 뛰어난 말주변과 같은 기술보다는 상대방과 좋은 관계를 만들어 나가고 싶은 진실한 마음일 테니 말이다. 타인에게 다가가고 관계를 맺는 것이 즐겁고 편한 사람이 있는가 하면 어렵고 힘든 사람도 많다. 어떤 이는 좋은 결과로 이어지는 관계보다는 상처받은 관계가 더 많았을지도 모른다. 더 이상 상처받고 싶지 않기에 다가오는 사람들에게 미리 선을 긋고 관계 맺기를 포기해버린 건 아닌가? 굳이 혼자가 괜찮다고 센 척할 필요는 없다. 과거의 아픈 기억은 앞으로의 아름다운 인연으로 충분히 치유될 수 있다. 혼자만의 시간도 필요하지만 다른 사람들과의 관계 속에서 인간은 행복을 느끼고 성장해나간다는 것을 잊지 말자.

영원한 내 편, 내 사람 만들기

누구나 한없이 자신이 초라하게 느껴지고 끝없는 나락으로 떨어지는 것만 같은 힘든 날이 있다. 영원히 지우고만 싶은 자신의 실수가 머릿속에서 끊임없이 맴돌며 자신을 할퀴는 날이 누구에게나 찾아오곤 한다. 그순간, 주저앉은 당신을 일으켜 세우는 것은 무엇일까? 삶의 모진 비바람에 젖은 당신을 방패와 갑옷처럼 든든하게 지켜주는 것은 소중한 사람들과 함께했던 추억일 것이다. 갑자기 걸려온 엄마의 전화에, 또는 친구의 전화에 목 놓아 울어본 적이 있는가? 특별한 대화가 오가지 않아도 된다. 신기하게도 그들은 '존재' 자체로 충분하다.

굳이 함께 살지 않더라도 가족은 자신에게 가장 큰 삶의 버팀목이 되어주는 것 같다. 때로는 "왜 결혼을 안 하니?", "왜 남들처럼 살지 않아?"라는 끝없는 잔소리에 지칠 때도 있지만 그들과의 소중한 관계에 소원해져서는 안 된다. 그 속에 담긴 애정을 대신할 무언가를 이 세상 어디서 찾을 수 있을까? 가족이 가장 큰 부담을 줄 때도 있고, 가족이기에 더 큰 상처를 받을 때도 있지만 가족만큼 든든한 '내 편'이 어디 있을까? 가족에게 진심을 다하자. 그런 당신의 모습은 가족에게 당신의 독립에 대한 확신과 응원을 심어주기에 충분할 것이다.

가족이 가까이 있다면 주기적으로 집에 찾아가거나 자신의 집으로 초대해 함께 식사를 하는 것은 어떨까? 마트에서 만나 함께 장을 보고 차 한 잔을 나누는 것도 좋다. 그렇게 행복한 루틴**routine**을 만드는 것이다. 가족이 멀리 있다면 규칙적인 연락만으로도 충분히 마음을 전할 수 있다. 가족끼리 단체 채팅방을 만드는 것도 좋고, 그것까지는 부담스럽다면 간단한 안부전화나 문자로도 충분하다. 특별히 할 말이 없다면 그날 먹은 한 끼를 사진으로 찍어 보내는 것도 좋다. "오늘 점심에 먹은 김치찌개가 맛있더라고요"라는 짧은 글과 함께라면 마음을 전하기에는 부족함이 없을 것이다.

자신의 이야기를 진심으로 공감해줄 한 명의 친구만 있어도 성공한 인생이라고 말한다. 그런데 그게 정말로 어렵다. 그걸 너무나 잘 알기에 사람들은 친구를 찾기 위해 노력하기보다는 SNS에 '좋아요'를 누르거나 채팅방 안부인사에 만족하며 살아가는 걸까? 시공간의 제약 없이 소통할 수 있는 세상에 살고 있지만, 진정한 소통은 언제나 어려운 것 같다.

인간은 자신이 경험하지 못한 것을 공감하기가 쉽지 않기에 자신과 비슷한 삶을 살아가는 사람만이 친구가 될 수 있다고 생각한다. '혼자 사는 삶', '함께 사는 삶'과 같이 삶의 형태가 같으면 좋은 친구가 되는 걸까? 물론 '혼자 산다'는 공통점이 있기에 그만큼 공유할 수 있는 이야깃거리는 많아질 것이다. 지자체에서 1인 가구 대상의 자조모임★이 운영되는 것도 이러한 이유다. 그렇다고 반드시 혼자 사는 사람끼리만 친구가 될 수 있는 것은 아니다. 친구를 사귀는 데 조건이나 한계를 두지 말자. 좋은 사람을 놓칠 확률만 높아질 뿐이다.

혼자 사는 삶을 이해해주고 응원해주는 친구, 그거면 충분하다.

★ 서울시 씽글벙글 사랑방, '집콕! 말고, 숲콕!', 건강한 밥상, 고양시 각양갓생(청년) 자조모임, 쓰담쓰담(중장년) 동아리, 하남시 중장년수다살롱 동아리 등이 있다(2024년 지원사업 기준).

다른 사람의 어깨가 절실히 필요한 어느 날, 용기 내어 털어놓는 속마음에 귀기울여주는 사람, 형식적이고 가식적으로 "힘내"라고 말하지 않고 진심을 담아 따스하게 "너, 괜찮아?"하고 말해줄 수 있는 그런 친구. 자신 스스로도 용서하기 싫은 만큼 못난 모습마저도 품어주는 그런 친구와 함께 살아간다면 얼마나 행복할까? 굳이 여러 명이 필요하지는 않다. 자기 자신보다 더 자신을 소중하게 대하는 친구 한 명만 있어도 녹록치 않은 이 세상을 충분히 살아갈 수 있다. 그들을 위해서 매 순간에 진심과 노력을 담아보자. 포장된 겉모습을 벗고 진짜 모습으로 다가가 그들의 손을 잡아보자. 있는 그대로의 민낯을 품어줄 진실한 친구가 당신을 기다리고 있다!

혼자 산다고 해서 모든 순간을 혼자 견디고 버텨내야 하는 것은 아니다. 때로는 가족, 때로는 친구와 힘겨운 순간을 나누고 행복한 순간을 축하하며 살아가면 된다. 그렇게 자신만의 '내 사람'을 만들어나가자.

물론 '내 사람'을 만드는 것은 어려운 일이다. 마음에 맞는 사람을 만나기도 어렵고, 마음에 맞는 사람을 만났다고 해도 그 사람의 기대에 자신이 맞출 수 있을지 자신도 없고 걱정될 수도 있다. 하지만 그런 걱정 때문에 언제나 웅크리고 혼자 살아갈 수만은 없다. 노력은 배신하지 않는다고 말하지 않던가! 당신의 노력으로 만난 소중한 인연이 앞으로의 당신 삶에 빛이 되어줄 것이다.

부모님께 전화를 하면 무슨 약속이라도 한 듯, 먼저 "밥은 먹었냐"고 물어보신다. "당연히 먹었지. 지금 시간이 몇 시인데……" 하고 퉁명스럽게 대답하는 자식일지라도 그 속에 담긴 부모님의 마음을 너무 잘 알고 있다. 자신과 떨어져 사는 자식에게 당신이 직접 밥을 챙겨주지 못해 안쓰러운 그 마음, 밥도 잘 먹고 다른 모든 일상도 다 평안하기를 바라는 그 마음을 잘 알고 있다. 세상 일에 지친 날이면 엄마의 집밥이 그리운 것도, 그렇게 찾아간 부모님 댁에서 먹은 밥 한 끼에 허했던 마음이 꽉 차올라 다시 힘이 생기는 것도 모두 그 때문일 것이다.

지금 전화기를 들자. 가족에게 전화를 걸어도 좋고 친구에게 전화를 걸어도 좋다. 오늘은 자신을 아끼고 응원해주는 사람에게 먼저 마음을 전해보자. 아직 전화가 부담스럽다면 "밥 먹었어?", "밥 한번 먹어요" 하고 가벼운 문자라도 보내보자.

10월

스스로의 마음을 가꾸는 삶

감정 조절

감정이 보내는 신호를 무시하지 말 것

혼자 살면서 좋은 점 중 하나는 다른 사람의 감정에 의해 우리의 감정이 오염되지 않아도 된다는 것이다. 만약 같이 사는 사람이 화가 잔뜩 나서 집에 들어왔다면, 우리는 이른바 '눈치'를 볼 것이다. '왜 화가 났지? 무슨 일로 짜증이 잔뜩 났지?', '조심해야겠다. 괜히 건드렸다가 나만 큰일 나겠어' 이런 생각을 하며 숨죽이고 있을 것이다. 그렇게 눈치를 보면서 조심했음에도 나의 의도와 관계없이 상대방은 이렇게 화를 내거나 짜증을 낼 수도 있다.

"내가 물건 쓰고 난 다음에 제자리에 두라고 했는데 이게 뭐야? 왜 이렇게 너는 나를 귀찮게 만들어?"

아무 잘못도 없는데 졸지에 상대방의 감정 쓰레기통이 되었다. 참다 못해 "내가 뭘 어쨌다고 이 난리야. 밖에서 기분 나빠서 들어

와서는 나한테 신경질이야" 하며 순간의 당황스러움과 억울함을 표출하면 갈등이 생길 수도 있다.

혼자 살면 다른 가족원으로 인해 감정을 상할 일이 많이 줄어들지만 반대 상황도 있다. 내가 기분이 좋지 않을 때, 가끔씩 함께 사는 사람들과 이야기를 하면서 부정적인 감정을 해소하기도 하고, 문제가 해결되기도 한다. 때로는 그들의 기쁨과 행복으로 인해 나도 덩달아 행복해지기도 한다. 하지만 혼자 산다면 이런 긍정적인 경험을 공유할 일이 없다.

이처럼 혼자 살면서 최소한 집 안에서는 누군가의 감정 쓰레기통이 될 필요는 없지만, 반대로 함께 살면서 경험하는 좋은 감정도 누리지 못한다. 혼자 사는 삶이 다 그렇지만 감정도 스스로 책임지고, 스스로 관리해야 한다는 의미다.

성인이 된 이후에 "오늘 기분이 어때?"라는 말을 들어본 적이 있는가? 아니면 누군가에게 물어본 적이 있는가? 만약 이와 비슷한 말을 들었거나 했다면, "오늘 컨디션 별로인가 봐?", "화났어? 표정이 왜 그래?" 이 정도 질문이 아닐까?

우리는 우리의 삶에서 매우 중요한 '감정'에 대해서 관심을 가지지 않는다. 아니, 어쩌면 무시하고 모른 척한다. 자신의 감정을 드러내는 사람을 '하수'쯤으로 여기고 프로패셔널하지 못하다고 생각한다. 물론 공적인 일을 처리할 때 감정을 드러내는 것은 프로페셔

널하지 못한 것일 수 있다. 하지만 우리는 감정을 가진 사람인데 감정을 숨기고만 살 수 있을까? 나아가 감정을 느끼지 않고 살 수 있을까? 이성적·합리적인 생각만 하면 행복할 수 있을까? 이 질문에 대한 답은 '그럴 수 없다'이다.

이쯤에서 감정이 얼마나 중요한지 한번 알아보자. 요즘 활발하게 진행되고 있는 '뇌과학' 연구를 통해서 감정의 중요성을 설명할 수 있다. 우리의 뇌는 호흡, 혈압 조절, 체온 조절, 심장 박동 등 생명을 유지하는 데 필요한 기능을 담당하는 '생명의 뇌'라 불리는 뇌간, 감정을 다스리고 기억을 주관하며 호르몬을 담당하는 '감정과 본능의 뇌'라 불리는 변연계, 생각하고 판단하며, 우선순위를 정하고, 감정과 충동을 조절하는 '생각의 뇌'라 불리는 대뇌피질로 구성되어 있다. 뇌간은 태어날 때 이미 완성되어 있고, 변연계는 영·유아기, 아동기, 청소년기에 활발하게 발달하여 청소년기가 끝날 때쯤 거의 완성된다. 대뇌피질에서 가장 큰 전두엽은 초등학교 4~5학년쯤 어느 정도 완성되다가 청소년기에 재정비되고, 20대 중반 이후에 성숙해진다.

전두엽이 완성되지 않은 상태에서 우리는 이성적인 생각과 판단을 기대할 수 없다. 우리는 성인이 되기 전에 매우 긴 시간을 이성의 뇌가 아니라 감정의 뇌로 살아왔고, 그것에 익숙하다. 따라서 우리는 감정을 무시할 수도 없고, 무시해서도 안 된다. 뇌가 발달하는 것처럼 감정적으로 먼저 수용하고 공감이 이뤄져야 이성적이고 합리적인 생각을 하여 행동을 선택할 수 있다*. 정리하자면, 현대 사회에서 선호하는 '이성적', '분석적', '현실적', '체계적'이라는 생각과 판단은 감정이 충분히 발달하고 존중되어야만 가능하다.

예를 들어, 화가 나는 상황에서 화를 내지 않고 참아야 하는 경우가 종종 있다. 그럴 때마다 속으로 '참아야 해. 내가 여기서 화를 내면 일을 망칠 수도 있어. 제발 참아보자' 하고 생각한다. 하지만 결국 화를 참지 못하고 분노를 표출해버린다. 이는 화가 난 감정을 존중하는 것이 아니라 무시하는 것이다. 분노의 감정은 일을 방해하지 존중해야 하는 감정이라고 생각하지 않는다.

감정이 이성적인 판단을 방해한다고 믿는 사람도 많다. 분명 생각하고 판단하고 선택하는 것은 생각의 뇌, 전두엽의 몫이다. 하지만 감정의 뇌가 충분히 제 역할을 하지 못하면 생각의 뇌 또한 정상적으로 자기의 능력을 발휘하지 못한다. 따라서 우리는 우리의 감정을 먼저 이해하고 존중해야 한다.

1인 가구에게 자기 관리 중 가장 중요한 것 하나를 뽑으라고 한다면, '감정 관리'를 뽑을 것이다. 분노, 우울, 두려움 등 부정적인 감정을 진정시키는 것도, 행복, 기쁨, 편안함 등 긍정적인 감정을 유지하는 것도 자기 자신에게 달려 있다. 감정을 관리한다는 것은 감

★ 존 가트맨, 최성애, 조벽, 《내 아이를 위한 감정 코칭》, 해냄, 2011.

정을 존중한다는 것을 의미한다. 다시 한 번 강조하지만, 자신의 감정을 존중할 때, 온전히 자신의 삶을 주체적으로 살아갈 수 있다.

감정과 친해지는 습관

10월

그렇다면 감정을 존중한다는 것은 무슨 의미일까? 이 말의 의미는 감정을 무시하지 않는 것, 모르는 척하지 않는 것 즉, 감정과 친해지는 것이다. 지금까지 자신의 감정을 억누르고 무시하며 산 사람은 자신의 감정을 인식하고 존중하는 것 자체가 쉽지 않다. 따라서 감정을 느끼는 것도 연습이 필요하다.

오랫동안 굳어진 습관을 단번에 바꾸기 어렵듯이, 오랜 시간 무감각하게 살았던 사람이라면 감정과 친해지는 데 시간이 걸릴 수밖에 없다. 누군가와 친해지는 상황을 한번 상상해보자. 그 사람에 대해서 관심을 갖고, 그 사람을 만나고, 그 사람과 이야기를 나누고, 시간을 함께 보낼 때 '친밀감'이 형성되고 관계가 깊어진다. 감정을 존중하는 것도 이렇게 시작하면 된다.

무엇보다 먼저 자신의 감정에 대해서 관심을 갖자. '내가 자주 느끼는 감정은 불안이구나', '내가 좋아하는 감정은 셀렘이구나', '새로운 일을 시작할 때 다른 사람보다는 더 크게 두려움을 느끼고 있구나' 등 자신이 어떤 상황에서 어떤 감정을 느끼는지, 그 감정의 정도는 얼마나 큰지 살펴봐야 한다. 그저 생각만 해서는 자신의 감정에 집중하기가 어렵다.

감정일지 쓰기

자신의 감정에 대해서 관심을 갖는 구체적인 방법으로 감정일지 쓰기를 추천한다. 감정일지란 말 그대로 하루 동안 어떤 감정을 느꼈는지를 기록하는 것이다. 감정일지는 자신의 감정을 인식하는 것뿐 아니라 자기 감정을 좀 더 객관적으로 바라보고 조절할 수 있는 힘을 키울 수 있도록 돕는다. 하루를 마감하고 간단하게라도 어떤 감정을 어떤 상황에서 느꼈는지, 감정의 강도는 어느 정도였는지를 적어두면 나의 감정과 좀 더 빨리 친해질 수 있다. 주관적인 느낌일테니 최대한 솔직하게 적는 것이 도움이 된다.

감정일지 형식

요일	감정	상황	주관적 감정의 정도 (1~10으로 기록)
월			
화			
수			

목			
금			
토			
일			

위에 제시한 표가 감정일지를 쓰는 기본 형식이다. 우리는 하루에 수백 가지의 감정을 느끼겠지만 그중에서 핵심 감정 3~5개 정도를 선택하여 적으면 된다. 물론 더 많은 감정을 기록해도 좋다. 각각의 항목은 감정, 감정을 느끼는 자신의 상황, 감정을 느끼는 정도(1은 가장 약하게 느끼는 감정이고 10은 가장 강하게 느끼는 감정)이다.

여기서 한 가지 점검해보자. 우리는 얼마나 많은 감정에 대해서 알고 있는가? 감정 단어에 대해서 말하라고 하면 대부분의 사람은 10개 정도도 말하기 어렵다. 이것이 감정과 친하지 않다는 증거다. 수많은 감정 단어 가운데 주요 단어를 표로 제시했다. 이를 활용하여 감정일지를 작성해보자.

■ 감정 단어

기쁨		슬픔	분노	고통	공포
감격하다	안심이다	먹먹하다	괘씸하다	간절하다	겁먹다
감동적이다	여유롭다	목이 메다	괴롭다	고민하다	끔찍하다
감사하다	우쭐하다	미어지다	귀찮은	끔찍하다	당황스럽다
고맙다	자랑스럽다	불쌍하다	기가 막힌	기분나쁘다	떨리다
기대되다	짜릿하다	불행하다	답답하다	괴롭다	무섭다
기쁘다	찡하다	비참하다	당황스러운	꼬이다	불안하다
다정하다	좋아하다	서글프다	못마땅한	담담하다	살벌하다
두근거리다	즐겁다	서럽다	미워하다	두렵다	섬뜩하다
들뜨다	통쾌하다	실망스럽다	미칠 것 같은	부담스럽다	소름끼치다
만족스럽다	편안하다	슬프다	분통터지다	불만스럽다	조바심이 나다
멋지다	풍요롭다	쓸쓸하다	분하다	뻐저리다	주눅이 들다

기쁨		슬픔	분노	고통	공포
명랑하다	평온하다	안타깝다	불쾌하다	비참하다	초조하다
뭉클하다	포근하다	안쓰럽다	불편한	속상하다	부끄러움
반갑다	평화롭다	야속하다	신경질나다	숨막히다	계면쩍은
보고싶다	활기차다	억울하다	서운하다	아프다	멋적은
뿌듯하다	황홀하다	우울하다	성질나는	야속하다	미안한
살갑다	행복하다	울적하다	심술나다	억울하다	민망한
산뜻하다	후련하다	울고싶다	속상하다	안타깝다	부끄러운
사랑하다	훈훈하다	애처롭다	약오르다	지치다	수줍은
상쾌하다	흐뭇하다	외롭다	얄밉다	충격적이다	쑥스러운
설레다	흡족하다	절망하다	어이없는	피곤하다	어색한
신나다	흥겹다	한스럽다	언짢다	후회스럽다	영문모름
시원하다	흥분하다	허무하다	절망적이다	힘들다	쪽팔리는
아늑하다	희망적이다	허탈하다	흥분하다	한탄하다	창피한

감정일지 예시

요일	감정	상황	주관적 감정의 정도
토	두근거림, 설렘	저녁에 소개팅이 잡혀 있음	6
	당황스러움, 답답함	소개팅 상대와 대화를 나누는데 이야기가 통하지 않음	7
	한심스러움	잔뜩 기대하고 있다가 원치 않은 상대와 시간을 보낸 것 같아서 한심스러움	8
	찡함	친구가 기분이 상해 있는 나를 위해서 위로의 메시지를 보내줌	5

위의 감정일지 예시처럼 하루 동안에 있었던 주된 감정을 적어보자. 잔뜩 기대했던 소개팅이 잘 되지 않았다라는 것에만 집중하면 우리의 머릿속에는 '소개팅 실패'라는 사실만 기억하겠지만, 그로 인한 감정을 자세히 들여다보면 오랜만에 느끼는 두근거림과 설렘이라는 기쁨의 감정도 있었고, 주변 사람들이 자신을 위로해줘서 따뜻함을 느낀 '찡한' 감정도 있었다. 부정적인 결과에 대한 부정적인 감정이 지배적이라고 생각하겠지만, 실제로 긍정적인 감정도 느낄 수 있었다.

이 예시를 구체적으로 살펴보면, 상대방과 대화가 통하지 않을 때 당황스러움과 답답함을 느낀다는 소중한 감정에 대해서도 알게 되었다. 이 상황에서 남을 탓하는 것, 예를 들어, 소개팅을 주선해준 사람에 대한 분노 혹은 소개팅 상대자에 대한 불만보다는 자신에게 문제의 원인을 돌리는 경향이 있음을 알게 된다. 이렇게 감정일지를 쓰다보면, 자신의 감정에 대해서 더 깊이 알 수 있다. 이를 통해서 자신에게 일어난 일을 결과적으로만 해석하지 않을 수 있고, 삶을 더 풍요롭게 만들 수 있다.

단, 감정일지는 최소한 한 달 이상 작성하기를 권한다. 감정을 잘 조절하기 위해서, 감정과 먼저 친해지는 게 중요하기 때문이다.

감정 카드 활용하기

자신의 감정을 탐색하고 친해지고 싶은데, 자신이 느끼는 감정을 구체화하기 어려워하는 사람이 많다. 이럴 경우에는 감정카드를 활용하여 우리가 느끼는 감정을 찾아보자. 감정카드는 문구점, 서점, 온라인 쇼핑몰 등에서 쉽게 구매할 수 있다. '기대되다', '두렵다', '화나다', '고맙다' 등 감정카드에 적힌 단어를 보면서 이 감정을 느꼈던 순간이 언제였는지, 왜 그런 감정을 느꼈는지를 분석해보는 것이다. 카드를 골라보면서 내가 느끼는 다양한 감정을 알게 되고, 동시에 감정이 정리되기도 한다. 이는 보이지 않는 감정을 구체적으로 표현해봄으로써 이성적인 사고를 하는 데 도움이 된다.

감정카드를 활용하는 좋은 방법이 하나 더 있다. 누군가에게 복잡한 감정이 들면, 그 사람에 대한 감정이 적힌 카드를 몇 가지를 찾아보고, 각 카드의 의미를 연결해보면 그 사람에 대한 자신의 감정이 명확해진다.

예를 들어, 취업한 다음 부모로부터 독립해서 1인 가구로 살고 있는 사람이 있다고 하자. 그는 부모님이 보고 싶을 때마다 집(본가)에 종종 방문한다. 하지만 그때마다 어머니와 사소한 일로 다투고, 집에 돌아와서는 후회한다. '내가 엄마한테 잘해야 하는데 고생밖에 안 한 엄마한테 사소한 일로 왜 짜증내는지 모르겠어.' 어머니는 항상 자녀들을 양육하기 위해서 불같은 성격을 가진 아버지의 비위를 맞추느라 고생하셨던 분인데 어머니를 만나면 감정 조절이 되지 않는다.

이때, 어머니에 대한 깊은 감정을 탐색해보자. 이어서 어머니를 생각할 때 느끼는 감정카드 세 가지를 골라보자. 아마도 자신이 선택한 감정카드를 살펴보면, 화를 냈던 감정과 일치하지 않을 것이다. '고맙다', '속상하다', '두렵다' 등의 카드를 뽑았다고 가정해보자. 어려운 환경 속에서 자신을 키워준 어머니에 대한 한없는 고마움, 점점 나이 들어가는 어머니에 대한 속상함과 연민, 과거 어머니에게 받았던 상처로 인한 두려움……. 공존할 수 없는 감정이 뒤섞여서 자신의 생각과 행동이 통제되지 않을 수 있다.

어머니와 함께 살 때는 항상 대수롭지 않게 여겼던 감정들이 지금은 가끔씩 느끼는 감정이다보니 그 감정으로 인해 혼란스러울 수 있다. 지금부터는 혼란스러운 감정에 대해서 정리해보자. 분명히 자신을 양육해준 어머니에 대한 고마움이 있는 것은 확실하다. 하지만 그 내면에 어머니로부터 받은 상처와 어머니에 대한 속상함이 공존하기에 양립할 수 없는 감정이 생긴다. 그렇기 때문에 자신이 원치 않는 행동을 할 때도 있고 과장되거나 어색한 행동을 할 수도 있다. 감정을 이성으로 이끌고 와서 정리해보자. '어머니도 그 당시에는 그렇게 할 수밖에 없었어'라고 자신을 위로함으로써 어머니에 대한 두려운 감정을 낮춰보자. 감정이 명확해질수록 우리는 관계 안에서 편안함을 찾을 수 있다.

감정을 존중하는 또 다른 방법은 자신의 감정을 정리해보는 것이다. 아래 표를 한번 작성해보자.

가장 좋아하는 감정	좋아하는 감정을 느끼는 상황 혹은 생각

가장 불편해 하는 감정	불편해 하는 상황 혹은 생각

'좋다, 행복하다, 만족한다'라고 느낄 수 있는 감정을 찾고, 그 감정을 느낄 수 있는 상황 혹은 생각을 찾아보자. 감정은 눈에 보이지 않고 느끼는 것이라면, 상황이나 생각은 눈에 보이고 알 수 있는 것

이다. 예를 들어, '나는 나무 데크 길을 걷고 있으면 편안하고 아늑해'라는 감정을 느낀다면, 이것이 자신이 좋아하는 감정이자 상황이다.

이것을 삶 속에서 적용해보자. 회사 일로 너무 화가 나고 억울한 상황이 있었다. 하지만 그 일로 인해서 팀장한테 화를 낼 수 있는 상황도 아니고, 이제 와서 다시 보고서를 쓸 수 있는 상황이 아니다. 즉, 화가 난 상황을 변화시킬 수 없을 때, 우리는 극도의 스트레스를 경험하게 된다.

이때 가장 좋은 해결 방법은 내 감정의 변화를 불러일으키는 것이다. 나만의 나무 데크 길을 찾아 걸으면서 내가 좋아하는 감정을 느껴보자. 상황은 달라지지 않았지만 나의 마음은 한결 가벼워질 것이다.

우리 삶에는 많은 문제와 갈등 상황이 존재한다. 자신의 자원과 상대방과의 소통을 통해서 해결할 수 있는 부분도 있지만, 실제로는 그럴 수 없을 때가 많다. 그 결과, 우리는 스트레스를 받게 되고 그 스트레스에서 벗어나기가 쉽지 않다. 그때 자신을 위해서 할 수 있는 것은 '나의 감정'을 알고, 존중하고, 관리하는 것이다. 자신이 좋아하는 감정을 명확히 알고, 이 감정을 자주 느낄 수 있도록 자신과 자신의 상황을 조정하는 것이다.

반대로 내가 불편해 하는 혹은 힘들어하거나 피하고 싶은 감정을 찾아야 하는 이유는 뭘까? 그 상황을 피하기 위해서일까? 아니다. 그 상황과 그 생각을 피하는 것은 그리 쉽지 않다. 그렇기 때문에 자신이 불편해 하는 감정의 이유를 탐색해야 한다.

구체적인 예로 '질투'라는 감정에 대해서 생각해보자. 질투라는 감정은 연애할 때 흔히 느끼는 감정이라지만 이성적인 관계와는 상관없이 '티 없이 해맑은 사람', '누가 봐도 사랑 많이 받고 자랐을 것 같은 사람' 등 이른바 그룹 내에서 비타민 같은 역할을 하는 사람을 보면 질투가 나고 화가 날 수도 있다. 그 사람이 우리에게 피해를 준 것도 아니고, 방해한 것도 아니다. 그런데 괜히 그 사람만 보면 화가 나고 질투가 난다. 이런 불편한 감정을 느낄 때 스스로에게 물어봐야 한다. '왜 나는 티 없이 밝고 명랑해서 누구나 다 좋아하는 사람을 싫어하고 불편해 할까?' 그리고 스스로 자신의 감정을 분석해봐야 한다.

이 감정의 원인은 열등감 때문에 비롯된 것일 수도 있다. 자신이 많은 사랑을 받고 자라지 못했다는 열등감, 경제적으로도 여유롭게 자라지 못했다는 상대적인 박탈감 등이 불편한 감정의 원인이었을 가능성이 있다. 그래서 티 없이 밝고 명랑한 사람들은 자신이 가지지 못한 것을 가진 사람이라고 생각했기 때문에 부러웠을 것이다.

이때, 자기 자신한테 물어봐야 한다. '내가 진짜 사랑을 못 받고 자랐나?', '남들이 보기에는 나도 사랑을 많이 받고 자란 사람으로 보이지 않을까?' 자신의 비합리적인 신념을 반박하는 질문을 해보고 스스로 답을 해보는 과정을 거쳐야 한다. '나는 내가 생각했던 것보다 훨씬 더 많은 사랑을 받아왔다. 또한 만약 받은 사랑이 부족하다면 나 스스로 자신을 넘치도록 사랑해야겠다'고 다짐하는 것이다. 즉, 자신이 불편하고 힘들어하는 감정이 무엇인지 알고, 그 감정의 원인을 분석하고 나면 자신이 만들어 놓은 생각의 프레임에서 벗어날 수 있다. 자신이 불편해 하고, 피하고 싶은 감정을 탐색해야 하는 것은 바로 이런 이유 때문이다. 많은 사람이 불편해 하고 힘들어하는 감정을 자신도 느끼는 경우라면 그 감정을 다루는 것이 비교적 힘들지 않다. 하지만 자신만 유난히 불편하고 힘든 감정에 휩싸여 있다면, 그 이유를 알아내고 자신의 생각의 틀을 깨야 한다.

자신의 감정을 인식했다면, 그 감정이 긍정적이든 부정적이든 그 감정을 있는 그대로 수용해야 한다. 사람들이 살아가면서 힘들 때 경험하는 부정적인 감정은 건강한 것일 수도 있고, 건강하지 못한 것일 수도 있다. 감정을 경험하는 것은 자연스러운 현상으로 불쾌하거나 해가 되는 자극을 실제로 경험하거나 떠올리게 되면 자동적으로 감정이 일어난다. 이런 과정 자체는 인간의 '건강한' 모습이다.

만약 부정적인 감정을 느끼지 못한다면, 부정적인 자극을 줄이거나 피하려고 노력하지 못할 것이고, 그러면 인간은 더 비참한 삶을 살게 되며 생존율도 낮아질 것이다. 따라서 긍정적이든 부정적이든 감정을 제대로 충분히 느끼는 것이 필요하다. 그 감정을 소중하게 여기고 있는 그대로 받아들이는 게 가장 좋다. 자기 감정의 수용은 자기 사랑의 첫 걸음이다.

외로움과 친숙해지는 방법

"혼자 살면 외롭지 않아?"

아마도 혼자 살면서 주변 사람들에게 가장 많이 듣는 말이지 않을까.

왜 외롭지 않겠는가? 사실 삶은 혼자 살든, 여럿이 살든 외로움과 투쟁의 연속이다. '외로움'은 우리에게 굉장히 필요한 감정이자 필수적인 감정이다. 혼자 산다고 해서 외로울까? 그렇다면 누군가와 함께 살면 외롭지 않을까? 그렇지 않다. 30분만 혼자 있어도 외로워하는 사람들이 있는가 하면, 혼자 살고 일도 혼자 하는데도 외로움을 잘 느끼지 않는 사람이 있다. 그러므로 혼자 보내는 시간의 양만으로 외로움의 정도를 판가름할 수는 없다. 혼자 산다는 것은 눈에 보이는 객관적인 사실일 뿐이다. 그저 다른 사람과 함께 살지 않을 뿐이다.

자신의 외로움에 대해서 깊이 생각해보자. 혹시 타인의 시선을 지나치게 의식해서 '외로워야만 한다'고 생각하는 것은 아닐까? '혼자 살면 당연히 외로울 수밖에 없어'라고 생각하는 것은 아닐까? 자신이 느끼는 외로움이 혹시 혼자 살기 때문에 당연히 느끼는 감정이고 그래야만 한다고 생각하는 것은 아닌지 자신의 생각을 탐색해보자. 그리고 아래 질문에 솔직하게 답변해보자.

- **당신이 생각하는 외로움은 무엇인가요?**

- **외로움을 느낀다면, 얼마나 느끼나요? 주로 어떤 상황에서 외로움을 느끼나요? 외로움을 느끼지 않는다면, 왜 느끼지 않을까요?**

■ **당신이 느끼는 외로움의 원인은 무엇일까요?**

■ **외로움을 어떻게 해소할 수 있을까요?**

■ **과연 당신에게 '외로움'은 필요한 것인가요? 그렇게 생각하는 이유는 무엇인가요?**

혼자 산다는 것은 또 다른 특권이기도 하다. 홀로 있으면서 자신을 더 사랑하고 자신에게 집중하는 계기가 될 수 있다. 자기 본연의 모습을 되찾고 자신의 감정에 충실할 수 있는 기회이기도 하다.

혼자만의 시간을 의미 있게 보내보자. 자신만의 글을 써보는 것은 어떨까? 초등학교 때 숙제를 하기 위해서 억지로 쓰던 일기가 아니라 오늘 자신에게 위로의 편지를 써보는 것은 어떨까? 오늘도 잘했다고 칭찬 쪽지를 써보는 것은 어떨까? 자신의 감정과 마주해 보는 것은 어떨까? 혼자만의 시간을 의미 있게 보내는 것은 내일의 나에게 살아갈 힘을 준다. 오늘보다 내일의 나의 삶은 더 나아질 것이다.

독일의 철학자 쇼펜하우어는 "인간은 누구나 홀로 있을 수밖에 없다. 결국, 인간의 행복은 홀로 잘 견딜 수 있는가에 달려 있다"는 말을 남겼다. 그러므로 홀로 있는 이 시간을 의미 있게 보내보자. 외로움은 견디는 것이 아니라 즐기는 것이다.

홀로 있는 시간을 통해 자기 본연의 모습을 발견하고 그 모습으로 당당하게 살아가면 다른 사람들과도 더 좋은 관계를 맺을 수 있을 것이다. '외로움'이라는 감정을 부정적으로 받아들이고, 외로움을 없애기 위해서 쓸데없이 원치 않는 모임과 만남에 시간을 투자하지 않길 바란다. 그 소중한 감정을 느끼고 자신을 사랑하는 방법을 만들어보자. 혼자 사는 것을 감사하게 느끼고, 즐긴다면 우리는 '외로움'이라는 감정이 정말로 소중하다는 것을 알게 될 것이다. '외로움'을 미워하지 말자. 회피하지 말자. 살아가면서 반드시 필요한 감정이다.

11월

혼자일 때
비로소
성숙해지는 마음

자아
존중감

자아존중감, 나를 지키는 심리적 면역체계

자아존중감self-esteem은 흔히 '자존감'이라는 말로 사용한다. 우리는 자신감이 없는 사람에게도, 연애를 못 하는 사람에게도, 사람들 앞에 서는 것을 부끄러워하는 사람들에게도 "자존감을 높여야 해"라고 말한다. 자아존중감이 높다고 해서 무조건 자신감이 생기고, 대인관계가 원만한 것은 아니지만, 자아존중감이 높다면 자아존중감이 낮은 사람보다 훨씬 더 잘 수행할 가능성이 높다.

자아존중감이 만병통치약은 아니지만 심리적 면역체계의 근간이기는 하다. 외부환경으로부터 바이러스가 침입했을 때 막을 수 있는 능력, 그것이 바로 '자아존중감'이다.

자아존중감을 파악하는 두 가지 방법

이쯤에서 두 가지 방법으로 우리의 자아존중감 상태를 알아보자. 먼저 주관적인 자아존중감의 상태를 파악하고, 그다음 자아존중감의 정도를 비교적 객관화할 수 있는 척도를 통해서 파악해보자. 이 두 가지 결과를 종합해 현재 자신의 자아존중감 상태를 살펴볼 수 있다.

검사를 할 때, 몇 가지 주의할 점이 있다. 모든 검사는 너무 깊게 생각하지 말고 솔직하게 대답하자. 자신이 원하는 모습에 체크하는 것이 아니라 현재 자신의 상태를 체크해야 한다.

자아존중감 검사 1

현재 당신은 자신을 얼마나 존중하고 있나요? 자신을 얼마나 사랑하고 있나요? 수직선에 표시해보세요. 1점과 2점간의 차이는 주관적인 점수 차이이므로 자신이 생각하기에 자신을 얼마나 좋아하는지, 또는 가치 있다고 생각하는지 그 정도에 맞는 숫자 위에 √ 표시해보세요.

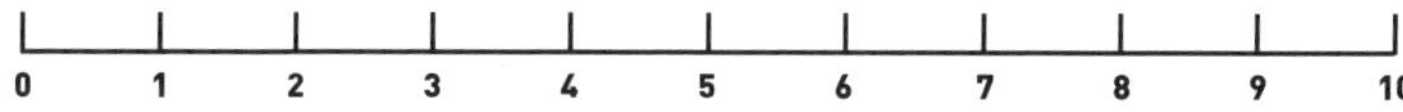

■ **자아존중감 수준에 대한 설명**

0-3점	• 자신에 대해서 과소평가하는 유형 • 자신에 대한 만족감이 떨어지고 자기비판에 익숙한 사람 • 자신을 쓸모없는 부적격자라고 생각하는 경향이 있어 스스로에 대한 재평가가 필요함
4-7점	• 자신에 대해 어느 정도 정확하게 평가하는 유형 • 건강한 수준의 자아존중감을 가지고 있음
8-10점	• 자신을 과대평가하는 유형 • 자신만 옳다는 생각, 실수도 장점으로 인식, 비판, 불평, 무시, 비난의 기제를 자주 사용함 • 비판을 수용할 능력이 없어 먼저 공격하면서 자신을 보호하려고 하는 경향이 높음

자아존중감 검사 2

사회학자 모리스 로젠버그**Morris Rosenberg**가 개발한 로젠버그 자아존중감 척도(RSES, Rosenberg self-esteem scale)★는 사회 과학 연구에서 널리 사용하는 척도입니다. 문항 내용에 동의하는 정도에 따라 표시하세요.

문항	내용	매우 동의	동의	동의하지 않음	매우 동의하지 않음
1	나는 전반적으로 자신에게 만족한다.	4	3	2	1
2	나는 가끔 내가 전혀 잘하지 못한다고 생각한다.	1	2	3	4
3	나는 여러 가지 장점이 있다고 생각한다.	4	3	2	1
4	나는 다른 사람만큼 일을 잘할 수 있다.	4	3	2	1

5	나는 자랑할 것이 별로 없다.	1	2	3	4
6	나는 때때로 쓸모가 없다고 느껴진다.	1	2	3	4
7	나는 적어도 다른 사람들과 동등한 가치가 있는 사람이라고 생각한다.	4	3	2	1
8	나 자신을 좀 더 존중할 수 있다면 좋겠다.	1	2	3	4
9	나는 내가 결국 실패했다라고 느끼는 경향이 있다.	1	2	3	4
10	나는 나 스스로에 대해 긍정적인 태도를 갖는다.	4	3	2	1

* 2, 5, 6, 8, 9번 항목은 역채점 문항입니다. 점수를 매길 때는 보이는 그대로 수행하면 됩니다.

■ **결과**

10~19점: 자아존중감이 낮은 편에 속함

20~29점: 자아존중감이 보통 수준

30점 이상: 건강하고 바람직한 자아존중감을 가짐

* 점수가 15점 미만이라면, 전문가의 상담을 받아보는 것을 추천함

두 가지 검사를 통해서 나의 자아존중감 상태를 한마디로 정리해보자.

나의 자아존중감의 상태는 ______________________ 이다.

★ Rosenberg, M. *Society and the adolescent self-image*, Princeton University Press, 1965.

자신의 자아존중감 상태를 파악했다면, 자아존중감에 대해서 구체적으로 알아보자. 자아존중감은 무엇일까? 자아존중감이란 자신에 대한 자기감정이다. 더 정확하게 표현하자면, 자신의 존재에 대한 자기가치감과 자기유능감이다. '나는 가치 있는 사람이다', '나는 사랑받을 만한 사람이다', '나는 괜찮은 사람이다', '나는 유능한 사람이다', '나는 나에게 맡겨진 일을 잘 해낼 수 있다고 믿는다' 등의 감정이다. 비교적 이런 감정을 자주 느끼며, 이런 감정에 확신을 가진 사람이 자아존중감이 높은 사람이다.

감정, 이성, 행동의 연관성

모든 인간은 감정, 이성, 행동을 가지고 있다. 사람은 느낄 수 있고, 생각할 수 있으며, 행동으로 표현할 수 있다. 예를 들어 우연히 TV에서 기아에 허덕이는 아이들이 나오는 영상을 보면서 '속상하다', '괴로워' 등의 감정을 느끼고, '어떻게 아이들을 도와줄 방법은 없을까?', '나는 아이들보다 사정이 조금 낫네'와 같은 생각을 할 수 있다. 더 나아가, 속상해서 더 이상 이 영상을 못 보겠다며 다른 영상을 찾아보거나 아이들을 도와줄 수 있는 방법을 찾아보다가 후원을 신청할 수도 있다.

이렇듯 같은 영상을 보더라도 우리는 각기 다른 감정을 느끼고, 다양한 생각을 하며, 그에 따른 행동을 실천한다. 사람마다 차이가 있어 감정에 크게 동요되는 사람이 있고, 감정을 잘 느끼지 못하는 사람도 있다. 매우 논리적·객관적으로 생각하는 사람과 그렇지 못한 사람이 있으며, 행동이 빠르고 민첩한 사람과 행동이 느린 사람이 있을 수 있다. 정도의 차이는 있지만 우리는 이처럼 감정과 이성을 가지고 행동한다.

행복한 감정이 들면, 비교적 긍정적인 생각을 갖게 되고, 행동하는 것도 가볍고 경쾌하다. 부정적인 생각에 사로잡혀 있으면, 우울하고 불안한 감정이 생기기도 하고, 아무런 행동을 못 할 수 있다. 누군가는 감정이 우선이고, 누군가는 이성이 우선이며, 누군가는 행동이 우선일 수도 있으나 이 세 가지는 다 연결되어 있고, 서로 영향을 미친다.

자존감을 키우는 일곱 가지 방법

자신을 소중하고 사랑받을 만한 가치가 있다고 느끼는 사람은 긍정적인 생각을 하고, 바람직한 행동을 더 할 수 있다. 반면에 자신은 사랑받을 만한 가치가 없다고 느끼는 사람은 비교적 더 부정적인 생각에 사로잡히거나 바람직하지 못한 행동을 할 가능성이 높다. 이런 이유로 우리는 '자아존중감'을 높여야 한다.

연구에 따르면, 자아존중감이 높은 사람은 자신의 욕구를 잘 성취해낼 수 있을 것이라고 기대하고, 그 기대감에 충실하려고 노력하기 때문에 성공할 확률이 높다고 한다. 또한 자신에 대해서 객관적으로 점검할 수 있기 때문에 자기수용 능력뿐 아니라 다른 사람을 수용하는 능력도 높아서 만족스러운 대인관계를 유지할 수 있다고 한다. 이뿐 아니라 자아존중감이 높은 사람은 리더십도 탁월하고, 학습 능력도 뛰어나며, 공동체에서 좋은 역할을 수행한다. 이에 따라 삶에 대한 만족도도 높고, 더 많은 행복을 느낄 수 있다고 한다. 이 결과만 보더라도 '자아존중감'을 높여야 하지 않을까?

그렇다면 자아존중감을 높이기 위해서 무엇이 필요할까? 돈이 필요할까? 아니면 시간이 필요할까? 꼭 그렇지는 않다. 자아존중감을 높이기 위해서는 자신이 자신을 좋아하는 것, 자신을 사랑하는 것, 남들의 시선이 아닌 자신의 시선으로 스스로를 가치 있다고 느끼는 것, 모든 것을 다 잘할 수 있는 것은 아니지만 자신이 하는 일에서만큼은 잘할 수 있고 성과를 낼 수 있다고 자신을 믿어주는 것이 필요하다. 이것으로 충분하다. 세상을 살면서 돈과 시간이 필요하지 않은 것들이 뭐가 있겠는가? 하지만 자아존중감을 높이는 일은 돈과 시간이 많이 필요하지는 않다. 대신 자신을 소중히 여기는 진정성 있는 삶의 태도가 필요하다.

누군가가 "1인 가구에게 가장 필요한 것은 무엇일까요?"라고 질문한다면, "높은 자아존중감"이라고 대답할 것이다. 혼자 살아가는 것은 이 세상에 혼자라는 의미가 아니다. 하지만 자신이 스스로를 온전히 지켜야 한다는 의미이며, 자신의 삶을 좋아해야 하고, 자신을 인정해야 한다. 이를 위해서 가장 필요한 것은 바로 '높은 자아존중감'이다.

자아존중감을 높이는 몇 가지 방법을 찾아보자. 그 방법들이 어렵지 않으니 한번 시도해보려고 노력해보자.

첫째, 자신의 감정을 있는 그대로 수용하자. 그 감정이 좋은 감정이라면, 의심하거나 불안해 하지 말고 그 감정을 있는 그대로 느끼자. 많은 사람이 행복한 감정을 느낄 때, 문득 '이렇게 행복해도 되나?'라고 생각한다. 그래도 괜찮다. 문제없다. 불안해 하지 말고 지금을 즐기자. 불안은 우리의 부정적인 상상에 기초한다. 부정적인 감정이 지배적으로 느껴질 때는 부정적인 감정의 원인을 탐색해야 한다. 감정의 원인을 알게 되면, 부정적인 감정에 덜 휘말릴 수 있다. 이 부분은 이 책의 10월 부분을 참고해보자.

둘째, 규칙적인 생활습관을 만들어서 삶에 대한 근면성을 기르자. 너무 교과서적인 표현일지 모르지만 성실한 삶의 태도는 자아존중감을 높일 수 있는 가장 효과적인 방법이자 자신이 괜찮아지는 것을 피부로 느낄 수 있도록 만든다. 불규칙적인 삶을 살아가는 자신의 모습을 생각해보라. 하루 종일 밖으로 나가지도 않고, 먹지도 않고, 사람들과 소통하지도 않고, 의미 없이 휴대폰만 만지작거리는 모습을……. 며칠은 괜찮을 수도 있다. 하지만 이 기간이 길어져서 아무것도 하지 않은 채로 무기력한 삶을 살다 보면 자신이 한심스럽고 미워질 것이다. 아침 일찍 일어나서 일과를 시작하고, 남들처럼 삶을 살아가라는 의미가 아니다. 자신의 방식대로 삶을 살아가되 그 안에는 규칙성이 존재하고, 자신의 행동을 스스로 통제할 수 있어야 한다. 그렇게 사는 삶에 익숙해질 때 삶에 대한 근면성과 성실함을 기를 수 있다. 이렇게 길러진 근면성은 자아존중감을 높이는 데 큰 역할을 한다. 투두리스트To-do list를 만들거나 다이어리를 써보자. 시간 관리 애플리케이션을 핸드폰에 설치해 일정을 기록해보자. 작심삼일을 열 번 해보자. '자신을 통제할 수 있는 나', 너무 멋진 일 아닌가?

셋째, 성공을 경험해보자. 성공은 남들이 보기에 인정할 만한 결과가 있는 대단한 것을 의미하지 않는다. 무엇인가를 달성하는 것은 그리 간단하고 쉬운 일도 아니다. 따라서 단계적으로 작은 목표를 세우고, 그것을 달성할 때마다 스스로 성공이라고 인지하면 된다. 옛말에 "목표는 높이 세워야 한다"는 말이 있다. 그러나 이 말대로 하면 자신만 피곤할 뿐이다. 자신이 달성할 수 있는 목표를 정하

자. 예를 들어 한 달에 10킬로그램 감량이라는 목표는 불가능에 가깝다. 한 달에 2~3킬로그램만 감량해도 우리는 충분히 대단한 일을 한 것이다.

넷째, 자신에게 긍정적인 피드백을 주자. 예를 들어, 하루에 한 시간 영어공부를 하기로 다짐했고, 이를 위해서 한 시간 동안 영어 공부를 했다면 스스로에 대한 약속을 지킨 것이다. 이때 자기 자신에게 "잘했어", "할 수 있어", "오늘도 나와의 약속을 지켰구나. 넌 참 멋진 사람이야" 같은 말로 자신에게 긍정적인 피드백을 주자. 이와 같은 긍정적인 피드백은 자신의 행동이 성공이라는 것을 인식시켜 주기 때문에 자아존중감을 향상시키기 위해서 꼭 필요하다.

다섯째, 자신의 평가 기준은 자신이 정하자. 낮은 자아존중감을 가진 사람들은 다른 사람들에게 설득되기 쉽고, 타인의 기준을 받아들이는 경우가 많다. 이로 인해 자신이 그 기준에 미치지 못한다고 생각할 때, 한없이 초래해진다. 남의 눈치를 보지 말자. 혼자서 식당에 가고, 혼자서 여행하고, 혼자서 노래방에 가는 것……. 얼마나 대단한 일인가? 지금 당신이 하고 있는 일상을 남의 시선 때문에 두려워서 아직 한 번도 하지 못한 사람들이 많다.

여섯째, 주변에 건강한 정서적 지지망을 만들자. 이러한 지지망은 부모, 친구, 선생, 동료 등 가까운 사람이 될 수 있다. 인간은 혼자 살아가기 힘들다. 위기의 순간과 어려움이 몰려올 때, 내 편이 되어주고 힘이 되어줄 수 있는 존재가 있다는 것만으로 큰 힘이 될 때가 있다. 반대로 자신이 누군가의 정서적 지지망이 되는 것도 중요하다. 가까운 사람에게 자신의 존재가 힘이 된다는 것만으로 충분히 자신을 가치 있게 여길 수 있기 때문이다. 1인 가구에 대한 연구 결과를 살펴보면, 점점 인간관계가 좁아지고 얕아지는 것을 알 수 있다. 하지만 1인 가구라고 해서 스스로 고립될 필요가 없다. 그리고 고립되면 안 된다. 도움이 필요할 때 도움을 요청할 수 있는 사람, 누군가 도움이 필요할 때 기꺼이 도움을 제공할 수 있는 1인 가구가 되어보자.

일곱째, 실패, 상실, 이별 등과 같이 삶의 역경에 처해 있을 때 느끼는 고통스러운 감정을 견뎌내고, 자기 위안을 해주자. 주변 사람들의 위로와 위안도 큰 도움이 된다. 하지만 때로는 그 위로가 효과가 없을 때도 있다. 스스로 자신을 위로하고 돌봐야 한다. 자신을 채찍질하고 과도하게 밀어붙였던 경험이 많은 사람이라면 꼭 자기 위안을 해보길 바란다.

이렇게 자아존중감을 높일 수 있는 일곱 가지 방법을 제시했다. 이 방법들은 많은 시간을 투자하거나 경제적인 비용이 드는 일도 아니다. 자신이 괜찮은 사람이 되길 원한다면, 자신이 진정한 행복을 꿈꾼다면, 꾸준히 자아존중감을 향상시키기 위해 노력해보길 바란다.

아래에 몇 가지 자아존중감을 높이기 위한 훈련을 제시해보겠다. 첫째, 장점 찾기다. '나의 장점 무제한 작성해보기'를 쓰다 보면 '이게 장점이 되나?'라는 생각도 들고, 장점을 적고 있는 동안 눈물이 흐르거나 우울하고 비참한 감정이 올라올 수도 있다. 그럼에도 자신의 장점을 찾기 위해 자신에게 깊은 관심을 갖고 고민하다보면 자신을 긍정적으로 생각하는 놀라운 사고방식의 전환을 이룰 수 있다. 자신의 장점을 최소 300가지 이상 적어보자. 하루에 다섯 가지씩 적으면 두 달에 끝낼 수 있다(이 책에서는 30가지 정도 써볼 수 있도록 공란을 마련했다). 한번 시작해보자.

11월

자아존중감 향상을 위한 훈련 1: 장점 찾기

1.
2.
3.
4.
5.
6.
7.
8.
9.

10.

11.

12.

13.

14.

15.

16.

17.

18.

19.

20.

21.

22.

23.

24.

25.

26.

27.

28.

29.

30.

둘째, 쓰담쓰담이다. '쓰담쓰담'이란 자아존중감을 향상하기 위해서 고안된 방법으로, 긍정적인 피드백과 자기 위안을 동시에 할 수 있는 매우 효과적인 방법이다.

자아존중감 향상을 위한 훈련 2: 쓰담쓰담

1. 일어나자마자, 잠자기 직전에 하루 2회 이상 실시한다.
2. 가능한 거울을 통해 자신의 모습을 마주보는 것이 좋다.
3. 자신에게 "수고했어", "괜찮아", "할 수 있어", "지금도 충분해", "내가 알고 있는 사람 중에 네가 가장 멋있고 훌륭해" 등의 자기 확신의 말을 소리 내서 한다. 내 귀에 그 소리가 들릴 정도로 소리를 낸다. 이때, 자신의 손으로 머리를 쓰다듬어주거나, 자신을 안아준다.
4. 단, '목표를 달성해서', '성과가 있어서' 등의 조건을 걸고 하는 객관적인 칭찬과 피드백이 아니라 지금 현재 있는 그대로의 모습을 지속적으로 칭찬한다.
5. 최소 6개월 이상 꾸준히 실천한다.

나를 이해할 수 있는 건 나밖에 없다

마이어스브릭스 유형 지표MBTI, DISC 검사, 에니어그램Enneagram, 에고그램Ego-gram, 미네소타 다면적 인성검사MMPI, NEO 성격검사, 기질 및 성격검사TCI, 집-나무-사람 검사HTP 등 수많은 성격검사 중 하나라도 테스트 해본 적이 있는가? MBTI를 비롯한 많은 성격검사는 선풍적인 인기를 끌고 있다. 또한 미신이라고 생각하지만 여전히 새해가 되면 토정비결을 보거나 사주나 타로를 보는 사람이 많다. 특히 최근에는 MZ세대가 불안하고 막막할 때 사주와 타로 등 점을 보러 간다는 기사도 심심치 않게 찾아볼 수 있다.

왜 이렇게 사람들은 자신을 알고 싶어 하는 것일까? 우리는 현대사회에 살면서 '나는 어떤 사람이지? 나는 어떤 성격을 가졌지? 나의 적성은 뭐지? 나의 미래는 어떻게 되는 거지?' 등 '자신'에 대해 불안한 마음을 갖고 있다. 이를 해결하고 싶어서 성격검사를 하거나 사주나 타로를 보고, 전문가에게 상담을 받는 행동이 잘못되었다는 것은 아니다. 나를 이해하는 데 충분히 도움이 된다면 이런 방법도 모색해볼 수 있다.

다만, 여기서 한 가지 생각해보자. '스스로 자신을 알고자 하는 노력을 얼마나 했는가?' 자기 자신에게 '나는 누구인지?', '나는 어떤 삶을 살아왔는지?', '나는 무엇을 좋아하는지?', '나는 무엇을 힘들어 하는지?' 등을 묻고 답해보았는가? 사실 대부분의 사람은 자신이 어떤 사람인지 궁금해 하지만 자기 스스로에게 질문하지도, 답하지도 않으며, 깊이 있게 고민하지 않는다.

삶에서 꼭 한번은 진지하게 자신에 대해서 묻고 답해야 한다. 자기 자신을 가장 잘 아는 것은 결국 '자기 자신'이기 때문이다. 혼자 살아가는 삶에서 가장 중요한 것은 스스로 자신을 잘 이해하고, 사랑하고, 행복하게 사는 법을 아는 것이다.

과거의 자신을 탐색해보면, 현재의 자신을 이해할 수 있고, 현재의 자신을 이해하면 미래의 모습을 예측할 수 있다. 이런 의미로 과거 자신의 삶에 대해서 분석해보자.

자신은 자기가 가장 잘 알고, 가장 잘 설명할 수 있다. 자기분석을 면밀히 할 때, 자신을 온전히 수용할 수 있으며, 자신을 사랑할 수 있다. 이것이 자신의 삶을 행복하게 만드는 가장 효과적인 방법이다.

자기 분석: 인생 그래프 그리기

과거의 인생을 뒤돌아보면서 자신이 어떤 경험을 했고, 그것이 자신에게 어떤 영향을 미쳤는지 대해 탐색해보세요. 인생 그래프 그리기는 주관적으로 자신의 기억과 판단에 따라 진행하면 됩니다. 그래프의 가로축은 시간(나이)이고 세로축은 자신이 생각하는 삶의 만족도입니다. 그림을 그리고 자신의 인생에서 중요한 사건들을 기록해보세요.

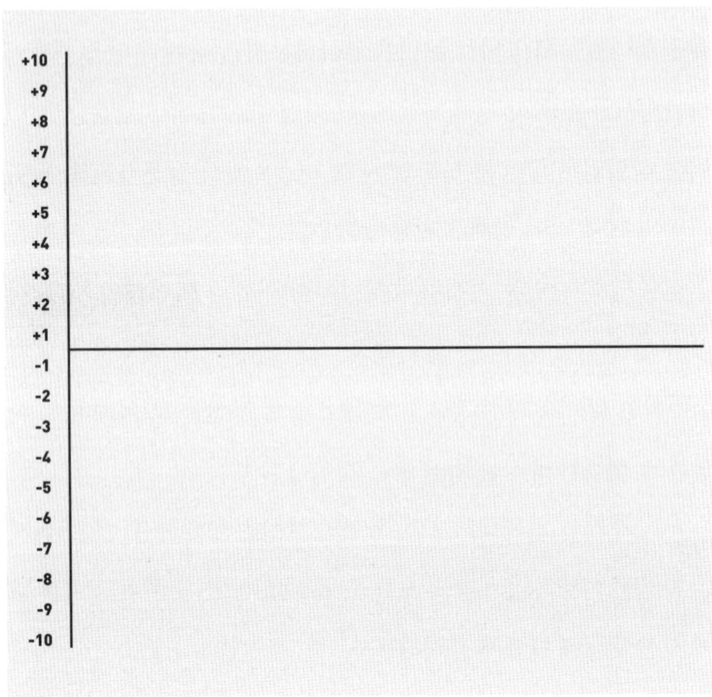

‘자아 성취’를 위한 혼자 사는 삶

혼자 사는 삶의 의미에 대해 물으면 모두 제각기 다른 답을 내놓을 것이다. 누군가는 독립의 짜릿함에 의미를 둘 수도 있고, 누군가는 외로움과의 싸움에 대해 이야기할 수 있을 것이다. 그런데 이 질문에 “혼자 사는 삶, 이 자체가 저에게는 자아성취였어요”라며 놀라운 답을 내놓은 사람이 있었다.

> 사실 처음으로 혼자 살게 된 것은 제가 결정한 것은 아니었어요. 학교 때문에 어쩔 수 없이 혼자 살게 되었고, 그 이후로는 직장 때문에 서울에 거주할 수밖에 없었어요. 저는 서울을 그리 좋아하지 않았어요. 졸업하고 나면 제 고향에 가고 싶었지요. 하지만 그곳에서는 제가 일할 수 있는 곳이 없었고, 일을 해야만 했기에

서울에 있었어요.

글쎄요. 얼마나 울었는지 모르겠어요. 20년 넘게 작은 시골 마을에서 살다가 아무도 모르는 큰 도시에서 살면서 너무 무섭고 엄청 외로웠어요. 어떤 날은 처참하기도 했어요. 퇴근을 하고 적막한 집에 들어가서 유튜브를 틀어놓고 밥을 먹고 있었어요. 거울에 그 모습이 비치는 데 정말 싫더라고요. 그래서 저는 그때부터 혼자 사는 삶을 좋아하기로 마음먹었어요. 남들 눈치 보며 점심 메뉴를 골랐던 제가 먹고 싶은 것을 선택해서 먹고, 때로는 먹고 싶은 재료를 사다가 집에서 나를 위한 맛있는 음식을 해 먹기 시작했어요.

사람들이 다른 사람과의 약속 시간을 잡기 위해 에너지를 쓸 때, 나는 내가 가장 원하는 시간에, 좋아하는 공간에, 자유롭게 갈 수 있었으며, 남들이 다른 사람들의 사랑을 받기 위해 몸부림칠 때, 나는 나를 사랑하는 방법을 터득했어요. 그래서 저는 혼자 사는 제 모습을 좋아해요. 이게 자아성취가 아닐까요?

진정성 있게 말하는 그분을 보며 혼자 사는 삶을 위해 얼마나 치열하게 많은 노력을 해왔는지를 느낄 수 있었다. 우리는 안다. 자신이 원하는 바를 실천하면서 살아가는 것은 얼마나 용기 있는 일인지, 또 한편으로는 얼마나 어려운 일인지, 그리고 그것이 얼마나 좋은 삶의 태도인지.

'자아 성취'를 어렵게 생각하지 않았으면 좋겠다. 밥 해먹기, 욕실 청소, 쓰레기 치우기, 빨래 돌리기 등 혼자 살기 전에는 누군가가 해주었던 그 일을 지금은 직접 할 수 있다. 내가 사용한 전기세, 수도세도 납부할 수 있으며, 나의 공간을 책임질 수 있다. 시간이 남아 있을 때, 그 시간을 의미 있게 보낼 수 있다. 우리는 혼자서 못하던 일을 할 수 있고, 문제가 생겼을 때 그 문제를 해결할 수 있다. 우리는 혼자 살면서 과거의 나보다 훨씬 더 능력 있는 사람이 되었다. 누군가의 도움 없이도 살아갈 수 있는 능력이 커졌다. 그야말로 어른이 된 것이다.

'자아 성취', '자아 실현' 모두 쉽지 않은 일임에는 틀림없다. 하지만 단순하게 생각해보자. '자아 성취'는 곧 자신에게 만족하는 삶이 아닐까? 혼자 사는 삶에서 자아성취는 자신의 삶을 비주류 혹은 완성되지 않는 삶으로 인식하는 것이 아니라 당당하고 주체적인 삶으로 인식하는 것이다.

1인 가구가 전체 가구의 34.5퍼센트(2022년 기준)를 차지하고 있고, 대세 중의 대세이지만 우리는 여전히 이런 질문에 시달린다. "언제 결혼해요?", "계속 혼자 살아도 괜찮겠어요?", "더 늦기 전에 짝을 찾아서 안정되게 살아야죠." 마치 불안정한 삶을 살아가는 것처럼 말이다. 하지만 우리는 불안정한 삶을 사는 것이 아니다. 그냥 자신의 방법대로 자신의 삶을 살아가고 있다. 이런 삶의 방식은 영원할 수도 있고, 단기간에 끝날 수도 있다. 그 기간은 중요하지 않다. 지금 자신의 삶의 방식을 사랑하고 인정하는 것, 그것이 바로 자아성취다.

12월

인생의 마지막을 준비하는 시간

죽음

누구에게나 죽음은 반드시 찾아온다

'죽음'은 누구나 두려워하는 단어다.

> 지난 8월 4일 인천 영종도의 작은 아파트. 방 벽에 걸린 달력은 6월에 머물러 있었다. 방 한쪽에는 부탄가스통 10여 개와 빈 소주병 10여 개가 아무렇게나 나뒹굴었다. 냉장고 안에는 유통기한이 지나 부패한 음식물이 쌓여 있었다. 30대 남성 A씨는 극단적 선택을 하고 두 달이 지나 발견됐다. 그가 남긴 물품 더미엔《서른엔 행복해지기로 했다》라는 책이 덩그러니 놓여 있었다.★

★ 《중앙일보》, 〈늘어가는 청년 고독사, '고독생'부터 돌봐야〉, 2021년 08월 28일자.

안타깝게도 우리는 '고독사'와 관련된 방송 보도와 기사를 흔히 접할 수 있다. '고독사'라는 혼자 사는 사람과 가깝게 느껴지는 무시무시한 단어. 죽음도 무서운데 혼자서 죽음을 맞이하는 것은 얼마나 더 무서울까? 피하고 싶지만 피할 수 없는 '죽음'을 어떻게 받아들여야 할까?

혼자 죽음을 맞이하게 될 가능성이 많은 1인 가구의 삶은 두려울 수밖에 없다. 먼저 죽음에 대한 자신의 생각부터 정리해보자.

■ **죽음이란?**

■ **소중한 사람의 죽음이란?**

■ **나의 죽음이란?**

연령, 종교, 경험에 따라 죽음을 바라보는 태도는 다를 수 있다. 하지만 우리 모두가 반드시 잊지 말아야 하는 것은 언제 일어날지는 모르지만 죽음은 누구에게나 반드시 찾아온다는 사실이다. 이를 기억하는 것만으로 우리는 죽음에 대해서 차분히 생각해볼 수 있다. 죽음은 특별한 것이 아니라 자연스러운 것이다.

"메멘토 모리Memonto Mori"라는 말을 알고 있는가? 이 말은 "죽는다는 것을 기억하라"는 뜻이다. 부귀영화도 한순간이고 권력도 한순간이다. 삶은 무한하지 않고 유한하며, 인생은 영원하지 않고 상대적으로 제한적이다. 다시 말해 유한한 인간은 늘 죽음을 마음 깊이 새기며 살아가야 한다. 이 말의 의미는 어쩌면 "카르페 디엠Carpe Diem(현재에 충실하라)"의 의미와 일맥상통한 것 같다. 우리가 죽음을 기억해야 하는 이유는 현재를 더 의미 있게 살 수 있어서다. 기억하자. 죽음은 인간의 마지막 발달이라는 것을…….

죽음을 '잘' 준비하려면

상식적으로 죽음을 준비한다는 게 가능한 일인가? 불가능하다고 생각할 수 있다. 왜냐하면 죽음은 언제, 어디에서, 어떻게 일어나는지 모르기 때문이다. 하지만 이렇게 생각해보자. '죽음은 삶과 반대되는 개념이 아니라 삶 가운데 죽음이 존재하는 것이다.' 우리의 미래를 알 수 있는가? 없다. 그렇지만 우리는 자격증을 따기 위해서, 더 좋은 직장을 얻기 위해서, 더 좋은 집을 구하기 위해서 준비한다. 이처럼 죽음도 준비해보자. 우리가 죽음에 대해 불안해 하고 두려워하는 근본적인 이유는 죽음에 대한 이해가 부족하기 때문이다. 우리의 불안을 감소시키고, 심리적·정신적 적응을 향상시키기 위해서 죽음에 대한 준비가 필요하다.

죽음의 다양한 모습

야나기타柳田는 인간의 죽음을 '1인칭의 죽음', '2인칭의 죽음', '3인칭의 죽음'으로 구분한다.★ '1인칭의 죽음'은 '나'의 죽음을 말한다. 그는 자기 자신의 죽음이란 어떠한 죽음을 의미하는가를 생각하고, 자신은 어떠한 죽음을 원하는지 등 자기 의사를 결정하는 게 중요하다고 말한다. '2인칭의 죽음'이란 배우자, 부모, 형제자매, 자녀, 친한 친구 등 자신에게 의미 있는 다른 사람, 즉 '당신'의 죽음을 의미한다. 오랫동안 삶을 함께 나눈 사람들이 죽어갈 때 나는 어떻게 대처해야 할지를 생각하게 하는, 슬프고 괴로운 시련에 직면하게 되는 죽음을 말한다. '3인칭의 죽음'이란 그녀, 그, 인간 등 제3자의 입장에서 냉정하게 볼 수 있는 죽음을 말한다. 이처럼 인칭별로 죽음을 보는 관점의 차이를 통해 죽음의 양상을 다면적으로 이해하는 게 도움이 될 수 있다.

우선 비교적 덜 슬프다고 느끼는 '3인칭의 죽음'에 해당하는 사회적 참사나 자연재해에 대해서 생각해보자. 이런 상황에서 우리는 어떻게 대처했는가? 슬픔, 분노, 좌절, 불안, 공포, 안도 등의 다양한 감정이 몰아쳤을 것이다. 뉴스를 찾아보면서 간접적인 관심

★ 이이정, 〈노인 학습자를 위한 죽음준비교육 프로그램 개발 연구〉, 연세대학교 대학원 박사학위논문, 2003, 재인용.

을 가질 수 있었고, 유족들이 슬퍼할 때 함께 슬퍼할 수도 있었으며, 투쟁할 때 함께 힘을 보탰을 수도 있다. 그 사건에 대한 자신의 가치관에 따라 감정을 표출했을 것이다. 3인칭의 죽음은 자신만의 방법으로 감정을 해소할 수도 있으며, 연대를 통해 의견을 나누고 행동으로 옮길 수도 있을 것이다. 비교적 감당할 수 있는 정도의 감정이었을지도 모르겠다.

하지만 2인칭의 죽음부터는 죽음을 준비하는 과정이 달라진다. 예를 들어 다음과 같은 상황에 대해 이야기해보자. 부모님은 본가에 거주하고, 딸은 부모님과 차로 두 시간쯤 떨어진 곳에서 혼자 살고 있다. 어머니가 몸이 좋지 않아서 병원을 찾아갔더니 '말기 암'이란 진단을 받았다. 이때 우리는 어떻게 대처할 수 있을까? 앞서 제시했던 것처럼 감정, 생각, 행동 등 세 가지 측면으로 구분해보자.

우선 '감정'에 대해서 살펴보자. 예상하지 못한 시기에 어머니를 잃게 될지도 모르는 상황에서 슬픔, 후회, 두려움, 공포, 쓸쓸함, 괴로움 등 다양한 감정이 일어날 것이다. 그렇다면 당사자인 엄마는 어떤 감정을 경험하게 될까?

말기 암환자들은 죽음 선고를 받고 이를 받아들이기까지 죽음의 과정에서 다양한 심리적 반응을 보이는 것으로 나타났다. 이 과정을 임상적으로 연구한 최초의 학자이자 죽음학 연구의 선구자인 엘리자베스 퀴블러로스**Elisabeth Kübler-Ross**는 말기 암환자들은 죽음을 접했을 때, 부정과 고립 → 분노 → 타협 → 우울 → 수용 등 5단계의 심리적 변화를 겪게 된다고 말한다. 이때 죽음을 맞이한 어머니를 위해서 딸의 입장에서 할 수 있는 것은 엄마의 감정을 쫓아가는 것이다.

어머니가 '말기 암' 진단을 받고 나서 "아니야. 그럴 리가 없어. 피곤하긴 했지만 그 정도는 아니야. 나 그 병원 못 믿겠어. 다른 병원에 가서 검사해보자"라며 자신의 병을 부정했다면, 그 감정을 그대로 따라서 다른 병원에 같이 가보자. 어머니가 화를 낼 때 "화낸다고 달라지는 건 없어"라고 말하는 것보다 화난 엄마를 이해해야 한다. 시간이 지나 엄마가 자신의 병을 받아들일 수밖에 없는 상황이 와서 한없이 우울하시다면 엄마와 함께 울어보자. 이게 죽음을 맞이한 어머니를 위해서 할 수 있는 일이다.

그다음, 나의 생각을 살펴보자. 어머니가 죽게 되면 나는 어떻게 될까? 어머니와의 관계를 정리해야 한다. 어머니는 나에게 어떤 분이었으며, 나는 어머니에게 어떤 딸이었는지 생각해보고 우리에게 주어진 시간에 정리할 것이 무엇인지를 찾아보자. 엄마와 단둘이 여행을 떠나보는 것은 어떨까? 그동안 하지 못했던 이야기를 편지로 써보는 것은 어떨까? 또한 혼자 살아가야 하는 아버지도 걱정된다. 이때 그대로 혼자 살 것인지, 아버지의 집 근처로 이사할 것인지, 아버지와 함께 살아야 할 것인지 등 현실적인 고민도 해야 한다.

마지막으로 우리는 어떻게 행동해야 할까? 감정과 생각을 정리했다면 어떻게 행동해야 하는지 정해질 것이다. 이렇게 가까운 사람의 죽음을 준비하다보면 슬픔이 줄어들 수는 없을지 몰라도 아쉬움이나 후회는 분명히 줄어들 것이다. 많은 연구에 따르면, 가까운 사람의 죽음으로 인한 어려움은 최소 2~5년 동안 경험한다고 한다. 따라서 가까운 사람이 죽은 후 슬픔에서 빨리 빠져나오기 위해서 아무렇지도 않은 척, 괜찮은 척하는 것이 더 문제가 될 수 있다. 사랑하는 사람의 상실을 경험하는 것은 남겨진 가족에게 괴로운 시련이고 극복하는 데 상당한 어려움이 뒤따른다는 것을 잊지 말자.

마지막으로 1인칭의 죽음인 '나의 죽음'이다. 자신의 죽음을 준비한다는 것은 쉽지 않다. 더군다나 '고독사'까지 걱정해야 한다면 더 쉽지 않을 것이다. 국가와 사회는 고독사가 일어나지 않도록, 그 일이 일어나더라도 빨리 발견할 수 있도록 사회의 안전 시스템을 구축해야 한다. 하지만 그 전에 스스로 자신의 죽음에 대해 준비하는 것도 잊지 않아야 할 것이다. 고독사를 피하기 위해서 무엇을 준비할 수 있을까?

■ **고독사를 피하기 위해서 내가 준비할 수 있는 일은 무엇인가요?**

예를 들면 가족과 지속적인 관계를 유지하는 일, 지역 사회에 함께할 수 있는 혼자 사는 사람들과 관계를 맺는 일, 마지막으로 스스로 고립을 자초하지 않는 일은 중요하지 않을까?

현실적인 이야기를 해보자. 혹시 '무연고 사망자'라는 말을 들어본 적이 있는가? 무연고 사망자는 '연고자가 없거나 연고자를 알 수 없는 시신'으로 정의하고 있다. 무연고 사망자는 "시장 등은 관할 구역 안에 있는 시신으로서 연고자가 없거나 연고자를 알 수 없는 시신에 대해서는 일정 기간 매장하거나 화장하여 봉안하여야 한다[★]"는 법률에 따라서 처리하도록 되어 있다. 이를 기준으로 관할 자치단체장에게 그 '시신'을 처리할 책임이 있다. 고인이 사망 후 소정의 과정을 밟은 시신을 의료기관이나 경찰로부터 인식한 지방자치단체장은 사망자의 연고자 여부를 확인하고, 만약 연고자가 나타나 시신을 인수하면 문제가 없지만, 시신 인수를 거절할 시 <장사 등에 관한 법률>과 <장사업무안내>에 따라서 '시신'을 처리하도록 되어 있다.

'무연고 사망'이라는 말 자체가 너무 무겁고 우울해서 이 부분을 글로 써도 될지 고민을 많이 했다. 그럼에도 이 내용을 쓴 이유는 우리가 혼자 죽더라도 우리의 시신은 방치되지 않는다는 사실을 알려주고 싶었다. 그러니 안심하라. 무연고 사망에 대해 밝히는 또

★ 〈장사 등에 관한 법률〉 제12조.

다른 이유는 내가 언제, 어떻게 죽음을 맞이하게 될지 모르니, 죽음을 미리 준비해보자는 의도다.

미리 써보는 유언장

자신의 죽음을 준비하는 방법 중 가장 좋은 것은 유언장을 남기는 일이다. 유언장을 쓰는 것은 나의 죽음을 준비하는 좋은 과정일 뿐 아니라, 유언장 쓰기를 통해서 현재 나의 삶이 더 중요하다는 것을 깨닫게 될 것이다.

또한 웃고 있는 모습으로 영정사진도 찍어보자. 가까운 사람에게 기억될 마지막 모습은 근엄하거나 진지하기보다는 환하게 웃고 있는 건강한 모습이라면 좋지 않을까?

우리나라는 죽음에 대해서 언급하는 것조차 매우 불편해 한다. 하지만 우리는 죽음에 대해서 생각해보고 그 생각을 여러 사람과 나눠볼 수 있어야 한다. 죽음을 생각하는 것은 현재의 삶을 더 의미 있게 살도록 만들어주는 원동력이 될 것이다.

유언장

죽기 전에 하고 싶은 것들

12월

죽음은 누구에게나 한 번도 가지 않는 길이고, 영원히 혼자가 된다는 의미로 다가온다. 하지만 여기서는 죽음을 '인간의 마지막 발달 과업'이라는 측면에서 생각해보자. 죽음이 우리가 할 수 있는 발달 과업이라면 근사하게 죽음을 맞이할 수 있도록 말이다. 다소 낯설고 생경하게 느껴질 수 있겠지만 죽음은 끝이 아니라 삶의 발달 과업이다.

당신이 죽기 전에 하고 싶은 것이 있는가? 흔히 죽기 전에 꼭 한 번쯤은 해보고 싶은 것들을 정리한 목록을 '버킷 리스트**Bucket List**'라고 한다. 286쪽의 버킷리스트에 생각나는 대로 죽기 전에 꼭 해보고 싶은 것들을 하나씩 적어보자.

나만의 버킷 리스트

1.
2.
3.
4.
5.
6.
7.
8.
9.
10.
11.
12.
13.
14.
15.
16.
17.
18.
19.
20.

예를 들면 주변에 있는 산과 공원에 다니기 같은 일상부터, 다른 나라 50국 여행하기 같은 경험도 좋다. 봉사활동하기, 새로운 모임에 찾아가보기 등 평소 해보지 않은 의미 있는 일도 좋다. 자신만의 버킷 리스트를 적고 그것을 수행해보자. 하루하루 삶에 최선을 다하고, 일상적인 생활에도 의미를 부여하자. 이렇게 매일 살아가다 보면 우리의 마지막 순간이 괜찮지 않을까? 죽음을 인간의 마지막 발달 과업이라고 생각하면, 그 발달 과업을 수행한다는 의미로서 조금 더 근사한, 괜찮은 죽음을 마주할 수 있지 않을까?

혼자 산다는 것은 삶의 많은 부분을 혼자 책임져야 하기 때문에 때로는 버겁고 무거운 일일 수도 있다. 하지만 혼자 살기에 누릴 수 있는 것도 많다. 다가올 미래가 어떻게 될지는 몰라도, 현재를 행복하게 사는 것, 이것이야말로 지금 우리가 할 수 있는 일이지 않을까? 우리는 행복하기 위해 이 세상에 태어났다. 이 세상에 단 하나밖에 없는 소중한 자신을 위해서 오늘 하루도 행복하게 살아보자.

미국의 경제학자 스콧 니어링은Scott Nearing "죽음은 광대한 경험의 영역이다. 나는 최선을 다해 삶을 살아왔으므로 기쁘게, 또 희망찬 마음으로 죽음을 맞이하고자 한다. 죽음은 다른 세계로 옮겨가는 것 혹은 깨어남이다. 삶의 다양한 전개와 마찬가지로 죽음 역시 우리는 흔쾌히 받아들여야 한다"고 말한다. 우리도 근사하게 자신의 죽음을 맞이해보자.

지금부터 준비하는, 현실적인 1인 가구 생활 안내서

혼자 살기 열두 달

1판 1쇄 인쇄 2024년 8월 27일
1판 1쇄 발행 2024년 9월 19일

지은이 빈보경, 최여진, 전보영
펴낸이 고병욱

기획편집실장 윤현주 **책임편집** 신민희
마케팅 이일권 함석영 황혜리 복다은 **디자인** 공희 백은주
제작 김기창 **관리** 주동은 **총무** 노재경 송민진 서대원

펴낸곳 청림출판(주)
등록 제2023-000081호

본사 04799 서울시 성동구 아차산로17길 49 1009, 1010호 청림출판(주)
제2사옥 10881 경기도 파주시 회동길 173 청림아트스페이스
전화 02-546-4341 **팩스** 02-546-8053
홈페이지 www.chungrim.com **이메일** cr1@chungrim.com
블로그 blog.naver.com/chungrimpub **페이스북** www.facebook.com/chungrimpub

ISBN 978-89-352-1461-7 03320